JN177118

結婚

末井昭

平凡社

結婚

まえがき

この本は「ウェブ平凡」で毎月連載していた「結婚」を加筆修正し、重複していた箇所を整理し、植本一子さん、高橋源一郎さんとの対談を加えたものです。

僕の場合いつだってそうですけど、「結婚」について書こうと思い立ったわけではなく、平凡社の吉田真美さんから「結婚について書いてもらえませんか？」と依頼されて、喫茶店で簡単な打ち合わせをしただけで、何を書くのか決まらないまま、なんとかなるだろうと思って引き受けたのでした。

余計な話ですけど、僕は社会に出てから、自分から決心して何かをしようと思ったのは二十代の半ばぐらいまでで、それからはすべてなりゆき任せだったように思います。自分からは何もしないけど「来るものは拒まない」ということです。

それで失敗したこともありますが、だいたいはうまくいったように思っています。本に関しても、自分から書こうと思ったことは一回もなく、すべて誰かから頼まれて書いてきました。

簡単な打ち合わせで、「結婚」について書くことだけは決めたものの、何を書いたらいいのかまったく思いつきません。僕はこれまで、結婚はしていても結婚について考えたりしたことはなかったのではないかと思いました。書店に「しあわせな結婚生活をおくるためにはどうたらこうたら」というような本が並んでいるコーナーがあったような気がしたのですが、自分がそういう本を書けるとは思えないし、書きたいという気持ちも起こりません。では、何を書いたらいいのだろう、いや何を書きたいのだろう、と考えていくうちに、「読んだら絶対結婚したくなくなる本」だったら書きたい、と思うようになりました。安易に結婚しても、うまくいってない夫婦が多いように思ったからです。

でもそれは、おもしろいかもしれないけど、「しあわせな結婚うんたらかんたら」の裏返しで、よほどのうんちくがないと書けないのではないか、もし書けたとしてもそんな本売れるのか？　などと考え、結局これまでの本のように、自分が経験したことを思い出して書くことにしました。最初に書いたのは離婚の話なので、多少は「読んだら絶対結婚したくなくなる本」のことが頭に残っていたのかもしれません。

連載期間は十五ヵ月でしたが、その間に自分が少しずつ変わっていくような気がしました。毎回なんとなくテーマを決めて、それについて頭の中に浮かぶことをメモして、それを文章にしていくのですが、そうしていくなかで、それまでわからなかったことがわかる瞬間があります（たとえば、自意識がなくなる瞬間というものがあるんだな、とか）。それは自分の考えが少し広がった瞬間です。その積み重ねが、自分を変えていくのだと思います。もちろんいい方向にですけど。

この本に出てくる妻「美子（よしこ）ちゃん」は、僕が気を遣うと思って、「私が読まないほうがいいでしょう」と言っていたので、「結婚」を連載中はおそらく一回も読んでいないと思います。本になったら読むと思うので、ちょっと怖い気もしています。ほかにも、読まれたら怖いなあと思う人（全員女性）もいますが、なにとぞお許しください、と最初に謝っておきます。

最近いろいろなメディアで、離婚のことが取り上げられています。離婚が増えているからだと思います。この本は、結婚して楽になりたいとか安心したいとか思っている人にはあまり役に立たないかもしれませんが、なぜいま離婚が増えているのか、しあわせな結婚とはどういうものなのか、ということについては書いているつもりでいます。

願わくば、より多くのご夫婦が、より仲よく、より楽しく暮らせますように。

目次

妻のもとから家出するまで

僕には離婚の経験が一回あります。同棲してから二十九年、結婚してからだと二十六年間一緒に暮らした妻と、十九年前に別れました。別れたというより、一方的に僕が家を飛び出して、そのまま別居して一年後に離婚しました。

原因は僕に好きな人ができたことです。

その人は、写真家の神藏美子（かみくらよしこ）でした。いつごろからか荒木経惟（あらきのぶよし）さんの写真展のパーティーで見かけるようになり、顔を合わせると話をするようになっていました。

そのときも荒木さんのパーティーだったのですが、神藏美子から突然「女装してみませんか？」と言われました。

あとで聞いたところによると、彼女はそのころ『QUEEN』という女装専門雑誌の表紙写真を撮っていて、そこで知り合った女装者たちをスタジオに呼んで、自分の作品として撮っていたのですが、女装者でない人も女装させて撮りたいと思うようになり、その第一号が僕だったようです。なんで僕に声をかけたのか聞いてみたら、「末井さんだったら、なんとなくやってくれるんじゃないかと思ったから」と言っていましたが、その勘は当たっていたようです。

というのは、七年ほど前に女装したことがあったからです。

僕が勤めていた出版社で出していた『元気マガジン』という風俗雑誌の廃刊が決まったとき、なんでそんなことをしないといけないのかわからなかったのですが、編集長の山崎邦紀(くにのり)さん(いまはピンク映画の監督をしています)が「廃刊記念にみんなで女装しよう!」と突然言い出し、編集者やライターやデザイナーや発行人である僕も呼ばれて、エリザベス会館という女装クラブに行って集団女装したのです。

女装するのはみんな初めてでした。僕の顔はニキビ跡だらけで、人から毒ミカンと言われていたことがあるし、しかも顔はデカいし目は小さいし、顔に関してまったくいいところがなく、そんな僕が女装なんかしたら目も当てられないことになるはずなので気が進みませんでした。でも、みんなで女装写真を撮って終巻号の最後のページを飾りたいと山崎編集長が強く言うので、仕方なく参加することにしたのでした。

神田のエリザベス会館にみんなで行くと、係の人からまず自分が着る衣装を選ぶように言われました。衣装室に行き、みんなはワンピースとかツーピースのスーツとか、わりと普通のものを選んでいましたが、僕はどうせならと派手でセクシーなチャイナドレスにしました。

次に個室に入り、女性用の下着を付け（あとで知ったのですが、気分を盛り上げるにはここがキモだそうです）、自分が選んだ服を着ます。そして、メイクルームでメイクしてもらい、カツラを被り、ふと目を上げて正面の鏡を見たとき、「あら、何、この人？　キレイじゃないの」と思ったのでした。

ほかの人たちは、お互いの顔を見合ってゲラゲラ笑っています。ヒゲを生やした人は剃らないでそのままメイクしているので、なんだかお笑い芸人のようです。おそらく、僕だけがマジになったというか、自分の中にいる女の人が降りてきたような気持ちになって、煙草の吸い方から歩き方まで、自然と女っぽくなってしまったのでした。

エリザベス会館には中央に大きな螺旋階段があって、その階段を上がった二階は、女装した人がお茶を飲んだり写真撮影したりするサロンになっていました。

記念撮影するため、みんなでその螺旋階段をドカドカ上がっていくと、ソファで一人静かに煙草をふかしていた女装の人が、一瞬ギョッとした表情になりました。せっかくの雰囲気をぶち壊して申し訳ないと思っていたら、僕と視線が合った瞬間、にっこり微笑んでくれました。僕だけがその人に女装者として認められたような気持ちになって、ちょっと嬉しくなりました。

女装の話が長くなりましたが、神藏美子から「女装してみませんか？」と言われたとき、そのときのことが頭に浮かんできて、自分でもびっくりするぐらい簡単に「いいですよぉ」と言ったのでした。

運命って、そういった偶然の積み重ねで成り立っているものなんですね。僕に女装の経験がなかったらおそらくその話は断っていただろうし、断っていたら神藏美子と付き合うこともなかったわけですから。

七年振りの女装で、僕は女子高生になりました。『QUEEN』はエリザベス会館が出している雑誌だったので、撮影はエリザベス会館（そのころは神田から亀戸に移っていました）のスタジオを使いました。

紺のリボンが付いたセーラー服（夏用）を着て、メイクをしてもらい、三つ編みのカツラを付けてスタジオに入ると、『QUEEN』の女性編集長から「名前は何にします？」と聞かれたので、咄嗟（とっさ）に「アキコ」と答えました。するとスタッフのみなさんが、「アキコちゃん、かわいいわよ〜」と声をかけてくれました。「アキコちゃん」「アキコちゃん」と言われて、自分がだんだん女子高生アキコになっていくような気がして、気持ちがどんどん解放されていきました。撮影していた神藏美子も突然セーラー服姿になって、アキコの友達のヨシコになって僕と一緒に写真を撮られたりしました。

女装することはセクシュアルなことだし、写真を撮ったり撮られたりすることは、セックスみたいに人と人を親密にします。この撮影のあと、神藏美子とどんどん仲よくなっていくのでした。


僕が最初の結婚をしたのは二十一歳のときでした。

前にも書いたように、僕は自分の顔に失望していたし、仕事は給料の安い工場労働者だったので、結婚なんて考えたことがありませんでした。というより、自分に恋人ができるということが夢のまた夢でした。そういう僕がどうやって結婚相手を見つけたかというと、電気ストーブがきっかけでした。

工場に憧れて、岡山の高校を卒業すると同時に、枚方（ひらかた）にあるステンレスの線をつくる工場に就職し、その会社の寮に入りました。工場に憧れていたのは、それが近代の象徴のように思っていたからですが、実際働いてみると、なんでこんなところに憧れていたんだろうと思うようになりました。

仕事はステンレスの太い線を細い線に加工する機械の見張り役で、ただ座って見ているだけです。楽といえば楽ですけど、仕事の喜びのようなものは一切ありません。夜勤のときつい居眠りをしてしまい、ステンレスの線がブチンと切れて飛んできて目が覚めるというような、危険な職場でもありました。こんなところで一生働くのかと思うと夢も希望もなくなり、入社一ヵ月ぐらいでもう辞めたくなっていました。それでも我慢して働いていたのですが、新入社員は自衛隊に体験入隊をさせられると先輩が話していたのが決め手となって、辞める決心をしました。しかし、辞表を書いて上司に持っていっても説得されるだろうし、上司と話すのも嫌だったので、逃げることにしました。

夕方、寮の連中が食堂に集まっている隙に、布団袋に布団とわずかな荷物を詰め込み、それを背負って寮を出ました。行き先は、父親が出稼ぎに行っている川崎でした。そして、父親が働いている自動車工場に就職しました。

最初はお金もなかったので、父親が住んでいた平間（ひらま）にある六畳のアパートに転がり込んだのですが、毎日グチを言いながら溜息ばかりついている父親と一緒にいるのが嫌になり、近くに安い下宿を見つけて引っ越しました。

その下宿は平屋建ての一軒家で、お婆さんが一人で住んでいて、空いている三部屋を人に貸していました。僕が借りたのは窓のない三畳間でしたが、僕が入る前から、窓のある玄関横の四畳半に女の人が住んでいました。

僕はそれまで女の人と付き合ったことは一回もなく、高校は男子ばかりだったので、女の人を近くに感じたのは中学校以来のことでした。僕の部屋からすればリッチな部屋に住んでいるのはどんな女の人なのか、下宿に帰るたびに気になっていました。

季節は冬でした。僕は工場の仕事が終わったあと、狭い部屋に帰るのが嫌で、新宿や川崎に行って町をフラフラ歩き回っていたので、下宿に帰るのがいつも遅くなります。

部屋が寒いので小さな電気ストーブを買ってきて、そのスイッチを入れたら、バチンとヒューズが飛んで真っ暗になりました。しばらくして、お婆さんが懐中電灯を持って僕の部屋にやってきて、「電気ストーブは電気を食いますからねぇ」と恨めしそうに言います。まるで僕が悪いことでもしたかのように言うのですが、みんなが暖房器具を使っているので、電気の容量が目一杯になっていて、一番遅く帰ってくる僕の使う分がなかったんじゃないかと思います。

真っ暗な中、お婆さんが懐中電灯を照らし、僕がヒューズを取り替えていたら、四畳半の女の人が出てきて、なんと「コタツがあるからこっちに来ませんか？」と言ってくれたのでした。

それからときどき彼女の部屋へお邪魔するようになったのですが、電気ゴタツはお互いの足が触れ合ったり抱き合ったりするので、抱き合ったりするようになるのも時間の問題でした。

彼女は僕より一つ年上のきれいな人で、僕と同じように田舎から出てきて、武蔵小杉にある工場に勤めていました。

そのうち、日曜日は彼女と川崎のスケートリンクなんかに行くようになり、彼女のことがどんどん好きになっていきました。

生まれて初めての恋人ですから、彼女を独占したくなります。ところが彼女には彼氏がいて、その人がときどき下宿に来ていました。彼女の部屋で夜遅くまで何やら話しているのですが、それが気になって気になって、彼氏が来ているときはいつも自分の部屋で「早く帰れ、早く帰れ」と念じていました。

彼女にその人のことを聞くと、前にいたアパートの隣の部屋に住んでいた人で、結婚の約束をしている人だと言います。前のアパートは独身の男ばかり住んでいたので、危険だから（ほかの男に取られるかもしれないから）この下宿を探してくれたそうです。

そんなことを言われても、いまさら彼女を諦めることはできません。というより、嫉妬心からさらに彼女を独占したい気持ちが強くなってきます。それは彼女の彼氏にとっても同じだったと思います。しばらくして、僕と付き合っていることがバレてしまい、その人も頭に血が上ったのか、多摩川の土手で決闘することになりました。

というのは嘘ですが、多摩川の土手で話し合おうとその人から言われたとき、これは決闘になるかもしれないと僕は思ったのでした。

土手での話し合いのとき、その人が何回も言ったのは、「お前には生活能力がないだろう」「彼女を養うことはできないだろう」ということでした。その人は僕より十五歳ほど年上で、川崎のカメラ工場に勤めている工員でした。確かにその人に比べれば収入は少ないかもしれないけど、僕は彼女を「絶対養ってみせる」と言いました。ハッタリでもなく、本気でそう思っていました。

話し合いの決着がつかないので、その人が彼女に向かって「じゃあ、どっちを選ぶんだ」と言うと、彼女は「どっちでもいい」と言うので、僕はズッコケそうになりました。「どっちでもいい」はないでしょう。その人も、まさか彼女がそんなことを言うとは思ってなかったようで、かなりガックリしていました。

彼女が「どっちでもいい」と言ったのは、どっちを選ぶか決められなかったのかもしれませんが、男同士がカッカして睨み合ってるわけですから、その場ではそうとしか言えなかったのではないかと思います。

それより半年ほど前、僕は工場に見切りをつけて、グラフィックデザイナーになる決心をしていました。もともと絵を描いたりすることが好きだったので、その道に進むことも考えたことがあったのですが、絵で生活できるとは思えませんでした。ところが、グラフィックデザインという仕事があることを知って、これならなんとかなるのではないかと思うようになり、工場に勤めながら牛乳配達のアルバイトをして入学金を貯め、渋谷にあったデザイン専門学校の夜間部に通うようになりました。

それとともに、ミゾビキ（面相筆とガラス棒を箸のように持ち、ガラス棒を定規の溝に当てがってスライドさせて細い直線を引く技術）やレタリングの練習があるので、三畳間に机を置いたら、寝るスペースがなくなってしまいました。そういうこともあって、夜はたいてい彼女の部屋に行くようになり、なし崩し的に同棲するようになりました。

彼女はその人に別れてほしいと何回も言ったみたいですが、聞き入れてもらえず、その人はストーカーみたいになってしまいました。彼女が帰るのを待ち伏せしてしつこく迫ってきたり、夜中に彼女の部屋の周りをうろついたりするようになったのです。

彼女の部屋にいたとき、外に人の気配がするので、部屋の明かりを消してカーテンの隙間から外を見ると、暗闇の中で誰かが立ってこっちを見ながら煙草を吸っていました。よく見るとその人でした。煙草の火が明るくなったとき、その人の顔が暗闇にぼんやり浮かび上がり、その瞬間僕と目が合ったような気がして、背筋がゾッとしました。

もうこの下宿にはいられないということで、二人でアパートを借りることにしました。といっても、僕はまったくお金がなかったので、敷金、礼金は彼女に払ってもらいました。

通っていたデザイン専門学校は渋谷の松濤にあったのですが、僕が入学してから二ヵ月ほどして桜丘町のビルに移りました。その直後、昼間の学生たちがビルの壁面に竜の絵や打倒ナントカとかペンキで書くようになり、そのうち机やロッカーなどで入口を塞いでしまいました。僕は心情的に学生運動を応援していましたが、何もデザイン専門学校までロックアウトすることはないだろうと思いました。僕にはそれが、各大学で起こっている学園紛争を真似して、おもしろがってやっているとしか思えませんでした。まあ、そう思う裏には、朝の四時から眠い目をこすりながら牛乳配達をして、やっと入った学校だったということもあったからです。

学校は三ヵ月でロックアウトになってしまいましたが、下宿でミゾビキやレタリングの練習をしていたのでなんとかなると思い、新聞の求人欄でデザイナーを募集している会社を探し、看板や店舗の装飾などをやっているディスプレイ会社に入ることになりました。

その会社は駒込にあり、彼女の勤め先は武蔵小杉だったので、両方に便利なところということで、東横線の祐天寺にキッチン、トイレ付きの六畳間を借りたのでした。

祐天寺で暮らすようになってからしばらくして、僕たちは結婚しました。結婚といっても籍を入れただけですけど、やっと仕事が安定したのでそういう気持ちになったのだと思います。彼女の両親には電話で結婚しますと挨拶しただけで、会ったこともありませんでした。いま思うとひどい話ですが、僕のなかに親子の愛情というようなものがなかったので、そういうことに無頓着（むとんちゃく）でした。いずれお金が貯まって余裕ができたら会いに行こう、ぐらいにしか思っていませんでした。

その後、駒込のディスプレイ会社を二年で退社し、キャバレーの宣伝課に転職し、チラシのデザインなどをしていましたが、そこも一年ほどで辞めて、しばらく失業したのちフリーの看板屋になり、それからフリーで出版関係のデザインやイラストレーションの仕事をするようになりました。そして、のちに白夜書房の社長になる森下信太郎さんと知り合い、新しく出版するエロ雑誌の編集を任されました。

住まいは、祐天寺のアパートから経堂（きょうどう）のマンションに移り、そのあと森下さんがつくったセルフ出版（のちの白夜書房）に勤めるようになってから、銀行ローンで生田（いくた）に小さな建て売り住宅を買い、その十年後に向ヶ丘遊園にわりと大きい家を建て、そのまた十年後に僕がその家を飛び出すことになります。

僕たちには子供がいませんでした。妻の体が弱かったので子供をつくることは無理だったのですが、僕自身、子供が欲しいと思ったことがありませんでした。

僕はメチャクチャな家庭で育ったので、家族というものをどこか嫌悪するところがありました。それに、自分が父親に似ているということもものすごく嫌で、自分に似た子供ができるということもさらに嫌でした。

父親は食欲と性欲だけで生きている下等動物のような人間でした。まだ川崎の下宿で彼女と半同棲していたころ、僕がいないときに父親が下宿にやってきて、彼女に抱きつこうとしたことがありました。彼女が、「昭さんに言うからね！」と言うとやめたそうですが、父親の性欲は見境がありません。彼女からそのことを聞いて、父親のアパートに怒鳴り込んだら、仲よくしようとしただけだと言って誤魔化していました。その件以来、彼女は「お父さん、気持ち悪い」と言って、父親と会いたがりませんでした。

僕はそういう父親を哀れにさえ思っていて、父親みたいな人間にだけはなりたくないといつも思っていました。ところが、エロ雑誌の編集をやるようになってから知り合った女の人に、いきなり抱きついたわけではありませんが、それに近いようなことをして、その人を強引にホテルに連れ込みました。それから付き合いが始まり、その人とセックスばかりするようになりました。

しばらくして、彼女が郊外の実家から僕たち夫婦が住んでいた経堂のすぐ近くに越してきて、僕は経堂のマンションと彼女のアパートを、自転車で行ったり来たりするようになりました。

彼女は「これ、母から引っ越し祝いにもらったの」と言って、夫婦茶碗を見せてくれたことがありました。口には出さなかったものの、僕と結婚したいと思っていたのではないかと思います。しかし、僕にそういう気がまったくないことがわかったようで、やんわり僕を批判する長い手紙が来たあと、連絡が取れなくなりました。

僕はだんだん図々しくなり、その後も何人かの女の人と付き合うようになったのですが、妻と別れようと思ったことは一度だってありませんでした。

妻は僕を信頼してくれていました。編集の仕事は徹夜することが多いので、女の人と朝までいたときも、仕事だと嘘をついていました。

女の人とホテルにいて朝方帰ると、妻は「あまり無理しないでね」と言ってくれました。そういうとき心がチクッと痛むのですが、それも何度も繰り返しているとなんとも思わなくなります。

付き合っている女の人から自宅に電話があって、浮気しているのがバレバレなときも、僕は「絶対そういうことはしていない！」と嘘をつき通しました。本当のことを言って妻を悲しませるより、言わないで嘘をつき通すことが、妻に対する愛情だと思っていました。しかし、それは自分の嘘を無理矢理正当化しているだけのことで、本当は言ってしまったあとのことが面倒なだけでした。面倒なことになってまで、付き合っている人と一緒になりたいとは思わなかったのです。

嘘をつき通す僕に、妻はひとこと「わかった」と言い、それからはその話は一切しませんでした。そういうきっぱりしたところがある人でした。

妻は猫が好きで、捨て猫を見つけるたびに拾ってくるので、猫がどんどん増えました。餌がもらえない隣の犬にこっそり餌をあげていたら、その犬は飼い主を見ないでいつも妻のほうばかり見るようになり、その一家が引っ越しするとき犬を押しつけられ、その犬も飼うようになりました。そのうちどこからか来た犬が住みついたり、子犬をもらってきたりで、犬も三匹に増えました。

動物が増えることは、妻が寂しい気持ちでいたからではないかと思うのですが、僕は相変わらず家に帰ったり帰らなかったりで、家庭というものが築けないままズルズルふしだらな生活を続けていました。

朝方帰ると、妻が「犬の散歩に行ってくれる?」と言うので、三匹の犬を連れて散歩に行くのですが、あまりにも眠いので、近くの公園に行って、犬をつないでベンチで眠っていました。不満そうな犬たちに申し訳ないと思いながらも、妻から「ありがとう」と言われると、朝帰りの罪悪感が少し薄らぐのでした。

神藏美子と親密になったころは、かなりやけっぱちになっていて、「もうどうにでもなれ」と思ってました。何人かの女の人との付き合いも、別れたいのに別れようと言えないままズルズル続いていたし、バブルのころに商品先物取引や不動産投資でできた借金が三億円以上ありました。

妻は僕が借金をしていることは知っていましたが、三億円以上あるとは想像もしなかったと思います。妻に本当のことを言うと腰を抜かしてしまうかもしれないので、一人で悶々（もんもん）としていました。というより、自分がバカだと思われるのが怖くて言えなかったのだと思います。

女の人のことはともかく、借金のことを一人で考えていると、どんどん孤独な気持ちになってきます。そして、とんでもないことを考えるようになります。給料ではとても返せないから、競馬で返すしかないと思うようになったのでした。

そう思うようになったきっかけは、パドックで馬を見ればどの馬が勝つかわかる、馬のオーラが見えるとおっしゃる、浅草で野宿生活をしている人と知り合ったことです。

競馬で勝てるのになぜホームレスなのかということは、まったく頭に浮かびませんでした。その人に借金のことを話すと「すぐ返せますよ」と言われて、その言葉に希望を見出したような気持ちになっていました。そして毎週土日に、その人と競馬場に通うようになりました。最初の三ヵ月間は調子がよくて七百万円ほど勝っていたのですが、一年後にはトータルで一千万円ほど負けてしまい、その時点で競馬はやめました。

仕事は編集の現場を離れ管理職のようなことをやっていましたが、そういうことは僕には向いてなかったようで、机に座っているのが憂うつで、いつもパチンコ店に逃げ込んでいました。仕事がつまらないぶん、ギャンブルばかりやるようになり、毎晩のように麻雀をやったり地下カジノに行ったりしていました。

ボロボロに負けたりすると自分が情けなくなってきて、自己嫌悪に陥りました。そして、自分が何をやりたいのか、何をやっているのかわからなくなってきて、自分が父親以下の人間になっているように思ったりするときもありました。

神藏美子とデートするとき、行くところがないので、いつも行っている地下カジノに連れていくと、帰りがけに「あんなもの、お金を取ったり取られたりして、いったい何が楽しいの？　末井さんはほかにやることがあるでしょう」と怒られました。

このころの僕のことを、神藏美子は著書『たまもの』の中で次のように書いています。


古くてガランと広い、その渋谷のラブホテルの部屋で、末井さんの後姿の向こうには大きく窓が開いていて、建ち並んだビルの向こうには夜空が見えた。私はその後姿とネオンの反射するビルや空を見ながら「神様この人を幸せにして下さい。」という気持ちになった。だからその古いホテルの窓のあたりは、私には神聖な場所に思える。「いっしょに暮らしたら楽しいと思うよ。」と言ってみた。わたしはその時「家族」になりたいと思っていた。「家族」という言葉の実感は人によっていろいろ違うものだ。その頃末井さんはギャンブル漬けのせいばかりでなく、どこか空虚な感じがした。あてどなく夜の街をひとりトットットッとさまよい歩いているはぐれ犬のような感じだった。

（神藏美子『たまもの』）

神藏美子には嘘がありませんでした。思ったことはなんでも言うし、お世辞など一切言わないし、相手のためになると思えば真剣にとことん話します。僕は、そういう女の人と初めて出会ったような気がしました。この人と一緒に暮らしたい、一緒に暮らせば自分も変わるかもしれないと思うようになったのでした。

彼女と一緒に箱根に行ったとき、宿泊していた旅館の庭の池でゆらゆら泳いでいる鯉を見て、「離婚しよう」と決心しました。

離婚を決めてから、そのことを人に話したくてたまらなくなり、会う人、会う人に離婚の話をしました。不安だったのかもしれません。人に話すことで勢いをつけようとしていたのかもしれません。「およしなさいよ、誰と結婚しても同じですよ」と言ってくれる人もいましたが、心のなかで「そんなことはない。あなた方夫婦が冷えているだけだ」と思っていました。

離婚を決心したのですが、何も知らない妻にいきなり別れようとは言えません。それに、二十九年も一緒に暮らしていると情がからんで、離婚する決意も揺らいでしまいます。ある朝、会社に出かける前に、些細なことで妻と喧嘩になりました。そのとき、僕の口から「別れよう」という言葉が思わず出てしまいました。喧嘩のときにそれを言うのは卑怯だと思いましたが、そういうときでないとたぶん言えなかったと思います。

僕はもう一度「別れよう」と言いました。妻は驚いたような表情になり「ほんと？」と言って僕の顔をジッと見ていました。「ほんとだよ」「好きな人がいるの？」「いる」「誰？」と聞かれましたが、僕は答えないで玄関で靴を履きました。妻が「ねぇ、どうしたの？　何があったの？」と言うのを尻目に、玄関のドアをバタンと閉めました。「嫌だあ〜！」という妻の叫び声がドアの向こうから聞こえてきました。その声で胸がギュッと締めつけられるようになり、歩いていると涙が出てきました。

（末井昭『自殺』）

そして三日間家に帰らず、四日目に一度家に帰り、紙袋二つに衣類と現金三百万円を入れて本格的に家出しました。僕が四十九歳のときでした。

結婚の欺瞞（ぎまん）

紙袋二つを持って妻のもとから家出し、衣類が入ったその紙袋を会社のロッカーに置き、昼間は何食わぬ顔で仕事をし、会社が終わると神藏美子に電話して、その日泊まるホテルを決めます。毎日同じホテルでもよかったのですが、どうせならまだ泊まったことがないホテルにしようと、千鳥ヶ淵のフェヤーモントホテル（二〇〇二年閉館）や、お茶の水の山の上ホテルなどに泊まったりしていました。なんだか家出をしたというより、旅行しているような気分でした。

神藏美子がホテルに来る日もあれば、一人のときもありました。

一人でホテルにいると、どうしても妻のことを考えてしまいます。いまごろどうしているんだろう、泣いているんだろうか、早まったことをしたのではないか、いま謝ればまだ間に合うのではないかなどと、戻ったとしても同じことの繰り返しなのに、ついつい考えてはいけないことをぐじぐじと考えてしまいます。

妻とのことで、いつまでも忘れられない光景があります。貧しかった二十代初めのころのことです。

そのころ僕は、都内に十店舗ほどの店を持つキャバレー・チェーンの宣伝課でグラフィックデザイナーとして働いていました。仕事場は、上野と御徒町の中間あたりにあるビルの中にありました。

キャバレーに入った動機は、ここなら自由に表現できると思ったからです。

デザイン専門学校に通い出したころから、状況劇場や天井桟敷のポスターをデザインしていたグラフィックデザイナーの横尾忠則さんや粟津潔さんに憧れ、自分もデザインで自己表現をしたいと思うようになりました。そういう気持ちがピークに達していたのが、このころでした。

チラシでもポスターでも、ホステスさん募集の新聞広告でも、なんでもかんでも表現にこだわってしまい、気持ちが悪いものやヘンテコなものばかりつくってしまうので、「なんだ、このデザインは」とよく上司に怒られていました。最初のうちは、心の中で「お前なんかにわかってたまるか」と思って反発していましたが、だんだんやる気がなくなってきました。自由な表現ができる場だと思って入ったキャバレーだったのですが、キャバレーはキャバレーでしかないということに、一年近く経ってやっと気がついたのです。そして自分の中のモヤモヤが爆発して、夜中に真っ裸で上野の町を走り回り、看板で使っていた水性ペンキのカーマイン（赤）を頭から被って道路を転げ回りました。

気がふれたわけではありません。僕にとって一世一代の自己表現のつもりでした。ペンキを被って道路を転げ回ったのは、みんなが寝静まっている真夜中に自分は体で道路にイラストレーションを描く、というイメージが頭の中にあったからです。みんなというのは、僕が嫌いだったカッコいいだけで人間味のないデザインをやっている、モダニズムに洗脳されたデザイナーたちのことです。

このストリーキング＆アクションペインティングをやったあとキャバレーを辞めたのですが、そのあと自分は何をしたらいいのかまったくわからなくなり、祐天寺のアパートで悶々とした日々を送るようになります。

僕らが住んでいた部屋は二階にあり、一階は双眼鏡のケースをつくる工場になっていました。工場といっても老人ばかりが四、五人働いている家内工業で、その工場の女性社長がアパートの大家さんでもありました。旦那さんとは離婚したのか死別したのかわかりませんが、アパートの隣にある自宅で一人で暮らしていました。

妻は武蔵小杉の工場で働いていたのですが、大家さんと親しくなってから、その工場で働かせてもらうことになりました。

僕は夜遅くまで本を読んだりしていて、目が覚めるのはいつも昼ごろでした。その日も昼ごろ起きると、窓の外からコトコトという音が聞こえてきます。カーテンの隙間から覗いてみると、大家さんの家の物干し台で、妻が一人で双眼鏡のケースを並べていました。その物干し台にできあがった双眼鏡のケースを干しているのです。

そのとき、目の前にいる妻に声をかけられませんでした。自分が働かないで妻を働かせている罪悪感や、何をしたらいいのかわからない不安感や、這い上がれない社会の谷底にいるような絶望感が襲ってきて、涙がぽろぽろこぼれました。このときのことが、一生忘れられないのです。

テーブルの上には「ダイコン、油アゲ、好きなもの」というメモと、二百円（現在の貨幣価値でいえば八百円ぐらい）が置かれていました。そのお金で近くのスーパーへ夕食の買い物に行くのが僕の役目です。「好きなもの」というのは、僕の好きなものを買ってきなさいという意味です。そのメモを見たら、また悲しくなって涙がこぼれました。

僕はそのとき、絶対お金を稼ぐようになって、妻を働かせないようにしようと心に誓ったのでした。

それから三ヵ月ほどして、キャバレー時代に知り合った人から電話がかかってきました。転職して池袋にあるピンクサロンの店長になっているということで、僕に看板を描いてほしいという電話でした。そのピンクサロンは池袋以外にもチェーン店が数軒あり、看板の専門の人がいないので、僕に専属になってほしいということでした。

お金が欲しかった僕は、その仕事をすぐに引き受けました。ところが、看板をつくる場所がありません。場所を借りるお金もないので、自分のアパートでつくるしか方法がありません。六畳間に新聞紙を敷き、材木屋さんから買ってきたベニヤ板や小割で看板の生地をつくり、それに紙を貼り、耐水性の水性ペンキで絵や文字を描き、ビニールをかければできあがりです。それを店に運ばないといけないのですが、車も運転免許もないので電車で運んでいました。

ピンクサロンの開店時間は夕方の五時です。それより前に行っても店が閉まっているので、その時間に合わせて運んでいるとラッシュアワーにぶち当たります。

新聞紙に包んだ大きな看板を抱えて満員電車に乗っていると、みんなからジロジロ見られます。なかには迷惑そうな顔をする人もいます。普段は誰とも目を合わせられない内気な性格だったのですが、恥ずかしい気持ちも吹っ飛んでいて、「何か文句あるか！」みたいな顔で睨み返していました。よほど怖い顔をしていたのか、相手はすぐ目をそらしました。

　僕が描く看板は、蛍光カラーを使ったり、女の子の絵を入れたりしていたので、評判がよくて次々と頼まれるようになり、いきなり忙しくなりました。

　ピンクサロンの店長は、看板を電車で運ぶのは大変だからと、店の地下室を使わせてくれるようになり、さらに近くの店の看板の営業までやってくれて、その看板も地下室で描いていました。

　寒々としたコンクリート剥き出しの地下室は、事務室とホステスさん用のロッカーがあり、事務室だけがパーテーションで仕切られていました。ホステスさんが出勤してきて、ロッカーの前でドレスに着替えるのですが、カーテンも何もないので丸見えです。

　ときには店長が、ポツンと置かれたソファで新人教育をすることもありました。新人の女の子を隣に座らせ、店長がお客のふりをして触りまくっています。「僕のズボンに手を入れてごらん」と指導する店長に、女の子は「わたしそんなことできません」と言って泣いていました。

　そういう光景を見てしまうとモヤモヤしてしまい、帰りがけにポケットのお金を確かめながら、ピンクサロンやヌードスタジオなどが並んでいる、池袋西口の繁華街をウロウロ歩き回っていました。ウロウロすればするほどモヤモヤが膨れ上がってくるのですが、まだそういう店に入る勇気がなく、手招きする女の人を横目に素通りするだけでした。

ときどきマネージャーが地下室に酔っ払ったお客を引っ張ってきて、「遊んでいて金が払えないとはどういうことなんだ！」とボカッと殴っていました。お客は殴られながら、話が違うとか高すぎるとか言っていました。それを横目で見ながら、自分はボッタクリの店の仕事をやっているんだなと思ったりしました。

僕が看板を描いていると、遅れてきたホステスさんが僕のそばに来て、「看板描いていくらになるの？」と聞きます。見ると、少し前に店長に新人教育されていた女の子でした。看板を描きながらその子と話していたら、「店が終わったあと飲みに行かない？」と誘われました。女の子から誘われたのは初めてのことです。

看板の仕事を終え、待ち合わせ場所の深夜喫茶の隅っこで彼女を待ちながら、ひょっとしたらセックスできるかもしれないと思ったり、これはちょっとマズいことになるのではないか、妻を裏切ることになるのではないかと思ったりしていましたが、そのうちセックスのことばかり考えるようになっていました。看板を描いていると、ホステスさんが着替えているのが見えたり、店長がエグい新人教育をしたり、営業中の店からバカ騒ぎの声が聞こえてきたりで、モヤモヤが相当溜まっていたこともあります。

キャバレーの宣伝課に勤めていたころ、ホステスさんは嘘つきで、約束しても来ないと言っていた人がいました。そのことを思い出し、ひょっとしたらすっぽかされるかもしれないと思いながら待っていたら、本当に来たのです。彼女は「遅れてごめんね」と言って、僕の横に座りました。

深夜喫茶をすぐ出て居酒屋に入ったのですが、僕は酒がまったく飲めなかったので、ビールをコップ一杯飲んだだけで酔っ払ってしまいました。フラフラしながらその女の子と腕を組んで、足は自然とホテル街のほうに向かっていました。

その日は土曜日で、最初に入ったホテルは満室で、次のホテルも満室で、三軒目でやっと入れました。妻以外の人とセックスするのは、このときが初めてでした。酔っ払っていたので、何がどうだったのかさっぱり覚えていないのですが、なんとなくセックスして、そのまま眠ってしまい、目が覚めたら朝でした。

その日から、妻に嘘をつくようになりました。

僕は、自分が稼いで、妻を働かせないことが、妻をしあわせにすることだと思い込んでいました。看板の仕事が忙しくなり、収入もどんどん増えていき、妻に働いてもらわなくても生活できるようになったのですが、その代わり、自分を表現しようという気持ちもなくなってしまいました。

ピンクサロンの店長から、「儲かってんだろ。少しこっちに回してよ」と言われるようになりました。お金は渡さなかったのですが、視察と称して店長とピンクサロン巡りをするようになりました。お勘定は全部僕持ちです。そのうち、一人でピンクサロンやソープランド（そのころは「トルコ」と言っていました）に行くようになりました。

妻をしあわせにしようと思ってがむしゃらに働いたのですが、その結果、妻に嘘ばかり言うようになっていました。妻がしあわせを感じていたのは、ひょっとして僕が失業してアパートでゴロゴロしていたころだったかもしれません。お金はなかったけど、いつも一緒にいて、僕を疑うことは一切なかったはずですから。

僕はいま、生活の指針を聖書に求めているのですが、聖書に関心を持つようになったのは三十代の終わりのころで、イエスの方舟（はこぶね）の千石剛賢（せんごくたけよし）さんを知ったことがきっかけです。そのころ、『写真時代』という雑誌を編集しながら『MABO』という女の子向け雑誌も同時に編集していて、だいぶ疲れていたのではないかと思います。しかもその『MABO』が十万部出して九万部返品があったので、社長から「いつまでやるんだ」とお荷物のように言われていました（実際、お荷物だったのですが）。それに加えて、付き合っていた女の人が自殺未遂をしたこともあって、憂うつな日々が続いていました。

そんなとき、偶然書店の棚で、千石剛賢さんの『父とは誰か、母とは誰か』（春秋社）という本を見つけたのでした。サブタイトルには〝「イエスの方舟」の生活と思想〟と書かれていました。

イエスの方舟は一九八〇年ごろ世に知られるようになります。イエスの方舟に娘をさらわれたと親たちが騒ぎだし、マスコミがそれに追従して、テレビや週刊誌が大騒ぎするようになりました。イエスの方舟は、聖書に書かれていることを実践しようとして集団生活している人たちですが、マスコミのせいで世間では怪しい宗教団体のように思われていたのでした。

千石剛賢さんはイエスの方舟の主宰者で、マスコミでは「千石イエス」と呼ばれていました。僕が『父とは誰か、母とは誰か』を買ったのは、その事件後のことを知りたかったからですが、読んだらぶったまげるというか、価値観がひっくり返るというか、目からウロコが落ちるというか、そんな衝撃を受けたのでした。

この本は千石さんのインタビューをまとめたもので、そこで話されていることは、主に聖書のこと、そしてそれを実践しているイエスの方舟のあり方でした。

それまで、聖書はキリスト教の教典ぐらいにしか思ってなくて、関心もなかったし読んだこともありませんでした。ところがこの本によって、聖書には人間の心の法則とでも言えるようなことが書かれていることを知りました。その価値観を基準にすると、それまでなんとなく感じていた世の中の価値観がひっくり返ってしまったのでした。僕は世間の価値観というものに反感を持っているようなところがあったので、聖書のことがもっと知りたくなり、千石さんに会って聖書のことを聞きたいと思うようになりました。千石さんに会えば、憂うつな気持ちから抜け出せるかもしれないという思いもあったかもしれません。

イエスの方舟は博多にありました。千石さんにすぐに会いに行きたかったけど、いきなり押しかけても会ってはもらえないだろうと思い、引っ込み思案の性格も相まって、何もしないまま半年が過ぎました。しかし、千石さんに会いたいという気持ちはつのるばかりで、『MABO』で千石さんのインタビューをすることにして、そのことをイエスの方舟に言ってみると許可が出たので、スタッフと一緒に博多に行ったのでした。

千石さんは気さくな方で、雑誌のインタビューだけでなく、僕の個人的な相談にも乗ってくれました。「妻に内緒で付き合っている女性が三人いるんですけど、男は何人もの女を同時に愛せるものですか?」と聞くと、「それは三十人が限界でしょう」とおっしゃいました。自分が聖書に反することをしていることは、もちろんわかっていましたから、「それはあきまへんで」と言われると思っていたので、予想外の答えにびっくりしました。と同時に、気持ちがスッと楽になりました。

三十人というのは、当時イエスの方舟で集団生活をしている人たちの数でしたが、そのこととは関係なく、ふっと千石さんの頭の中に三十人という数が浮かんだのではないかと思います。この男は、嫁さんに内緒で三人の女と付き合っていることに罪悪感を持っているようだから、三十人と言っておけば安心するだろう、と千石さんが思ったかどうかは知りませんが、ガチガチに聖書の教義を説くのではなく、相手の気持ちになって、相手が楽になるように言ってくれたのだと思いました。

それからちょくちょくイエスの方舟の日曜集会に参加させてもらうようになりました。いつも土曜日の夕方に飛行機で福岡に行き、その夜はイエスの方舟の女性たちが運営している中洲の「シオンの娘」というクラブに寄り、翌日午前中の集会に参加し、午後は博多でパチンコなどして、また飛行機で帰ってくるというパターンでした。飛行機で礼拝に通っているのは僕ぐらいのものじゃないかなんて、ちょっと得意な気持ちになったりしていたのでした。

その集会での千石さんの話が毎回すごくおもしろいので（と言っても、話していることはまともな聖書の話なのですが）、それをいつか本にしたいと思っていました。

それから五年ほど経った一九九二年に、千石さんの講話をまとめた『隠されていた聖書――なるまえにあったもの』（太田出版、以下『隠されていた聖書』）という本を、イエスの方舟の方々の協力を得て出版させてもらいました。

この本は、聖書に書かれていることを生活の場で実践するにはどうしたらいいか、ということが主題になっています。もちろん結婚についても書かれていて、「結婚ってなんだ、良心を麻痺させる淫行の場ではないのか」という千石さんの厳しい言葉で始まっています。結婚の本質的なことだと思いますので、一部を引用してみます。

――聖書を信ずるかぎり、男の人生において最高に意義あることは、女を愛することにあるんです。女を愛するときにこそ、男の真のしあわせがあることに気づけず、政治にしろ事業にしろそのほかもろもろのことに、人生をかける値打ちがあると思われているのなら、本末が転倒してることになります。ひとりの女を愛しきるために、事業にしろ政治にしろそのほかのことにしろ、真剣に取り組んでいるのなら、実にすばらしいんですよね。

男のこのすばらしい自覚は、

「…わが骨（ほね）の骨（ほね）わが肉（にく）の肉（にく）なれ此（これ）は男（おとこ）より取（とり）たる者（もの）なれば之（これ）を女（おんな）と名（なづ）くべしと」

創世記二章二三節

という、創世記のアダムのことばの中に秘められているのです。と言いましても、女を愛することに男の生きがいのすべてがあるなんてことは、ほとんどの男の人がまじめにいまは考えないのではないでしょうか。これはつまり、考えられんようになってしもとるんです。

――人間が時間の流れの中で、形而上形而下の両面において悪く変化していく、言いかえれば醜があらわれてくるということは、我々が死の法則を垣間見ることのできる一面だと言えます。

この死の法則を知らないで、理想の女だ理想の男だ、惚れたしびれたと言うとってもあかんのです。

かと言って、男も女もあまり正直になりすぎてしまっても困ります。お互いに好ましい状態がくずれ去ったからと、さっさと男と女の生活をやめてもたら、つまり離婚をあんまり容易にやってもたら、世の中がよけいにややっこしくなります。そこで人間社会では結婚生活をつづけることを意義づけるため、道徳や常識をふり回して人々をしばろうとしています。また悪魔のほうでも男と女にごまかし合いをつづけさせるために、妙な手を打っています。これは、何度も申しましたが、俗にいう、情が移るというやつです。これは悪魔が、人間をがんじがらめにするための、恐ろしい罠なんです。

情が移るということについてはほかのところで申しましたのでここでは申しませんが、悪魔という代物は、いや悪魔というやつは、ですかね、こいつは男と女がお互いに相手を正しく評価できんようにしてしまうために情を悪用すると、考えていただいたらよいと思います。また悪魔は男と女を互いに誤解さすために、よくセックスを使います。これは人間の欲を悪用した悪魔のはたらきと言えます。本来、男の性器、女の性器ともに神がつくられたもので、この性器を使って男と女が交わることは、べつに悪いものでも、もちろん良いものでもありません。ごくあたりまえの生理なんです。が、悪魔のかかわりによってひとたび色情が男女いずれかに動いたら、その男と女の交わりは、情と欲によってお互いに相手のありのままが見えなくなります。たとえば、まえにも申しましたがひどいあばたが一時的にえくぼに見えちまうんです。

この顕著な例が、とぼけて結婚した男と女によくあらわれています。早ければ半年、遅くても一年くらいの間にだいたい兆候があらわれます。「あなたは私の太陽だ」なんて、そんなとぼけたこと言って、貴重な人生の時間を大変多くの人がふわっと使ってしまっているような気がします。この間、ニヤニヤ笑って喜んでるのは悪魔です。情と欲を使ってお互い同士を誤解させることに成功したんですから。

聖書に「友のために自分の命を捨てること、これ以上に大きな愛はない」（ヨハネによる福音書一五章一三節）とありますが、千石さんは、「友」とは「他者の中に自分が見え始めている存在」を指していると言います。自分と他者という区別がある限り（これがまったくなかったのがイエス・キリストということになります）他者を愛そうとしても偽善になってしまうから、他者の中に表れた自分をはっきりさせていくために、自分を二義的にしていくこと、それが「友のために自分の命を捨てること」の意味だと言っています。

僕はずっと、人は一人で生まれてきて、一人で生きて、一人で死んでいくもので、人はもともと孤独を抱えて生きているものだと思っていました。でもその孤独を乗り越えられる方法があったのです。それが「友のために自分の命を捨てること」で、それを実践しやすいのが結婚の場だと、千石さんは言っているのです。

しかし、そのためには夫婦が真剣に向かい合わないといけません。千石さんが言うように「惚れたしびれた」と言って浮かれていても、お互いの外見や「うわべ」だけを見ているのなら、相手の本質は見えません。千石さんが「醜があらわれてくる」と言っていますが、外見だけにとらわれていると、時間とともに相手のアラばかりが目立つようになります。

まあこんなことを言えたガラではありませんが、外見がいいからとか、セックスをしたいからとかで一緒になった夫婦は、何年かすると（早い人は半年ぐらいで）ほかの女の人に目がいくようになります。もちろん、女の人もほかの男に目移りします。そのあとは、離婚して目移りした相手とくっつくか、お互いの悪口を言いながらズルズル一緒にいるかのどっちかです。

しかし、一緒に暮らしていれば情が移ります。この情が移るということが悪魔のしわざだとは、千石さんの話を聞くまで気がつきませんでした。情が深いほうが人間味があると思っていたのでした。

家出したあと、僕は妻に対する情を断ち切ることができず、毎日めそめそしていました。そんな僕を、神藏美子は冷ややかに見ていたのではないかと思います。

おぞましい性欲

「色情が動いたら、情と欲によって相手のありのままが見えなくなる」と千石剛賢さんは言っていますが、果たして色情を一切持たないで男と女の交わりはできるものなのでしょうか。聖書にはイエスの言葉として、「みだらな思いで他人の妻を見る者はだれでも、既に心の中でその女を犯したのである」（マタイによる福音書五章二八節）とありますが、そんなことを言えるのは、原罪のないイエスだけではないでしょうか。原罪を背負っているわれわれには到底無理なことだとしても、イエスの言葉が真実であることに変わりはありません。

男が女を見るとき、まず顔を見ます。それから体に目がいき、体型などを想像し、この女とセックスしたらどんなだろうかと思ったりします。女のほうも、自分がよりかわいく、よりセクシーに見えるように化粧をしたり洋服を選んだりするので、より男の色情は動きやすくなります。

最初にセックスがあって、それがきっかけで結婚したとしても、聖書にあるように「男は父母を離れて女と結ばれ、二人は一体となる」（創世記二章二四節）となればいいわけですが、体だけは一体になったとしても、心も一体にならなければあくまで他人同士のままです。しばらくすると相手の欠点ばかりが目立つようになり、ちょっとしたことで喧嘩をしたり、その果てに浮気をしたり、そのまた果てに離婚したりします（自分のことを言っているのですが）。

僕は妻以外の何人かの女の人と付き合ってきましたが、付き合いの始まりは「この人とセックスしたい」ということがほとんどでした。問題の根源は色情、つまり自分の性欲にあるわけです。人より強いか弱いか知りませんが、性欲があるから妻に言えないようなことをしてしまうのです。

抑えきれない自分の性欲というものにあきれ果てていたので、千石さんの『父とは誰か、母とは誰か』という本に引かれたのも、「イエスに、性欲の悩みというものはないんです」と千石さんが断定している箇所に「あれ？」と思ったからです。

イエスには、ズバリ言いますと性欲についての悩みはまるっきりなかったことになる。その理由は、最前から触れようふれようとしゃべっていることなんですけども、イエスには〈原罪〉がなかったからだと。〈原罪〉がない人間というのは、どないなるのか。〈原罪〉がない人間というものには、他人がなくなっちゃうんです。〈原罪〉ということにおいて、他人が生ずるんです。だから、イエスには他人がないんです。

そのことは、女という、また男という、性別は認識しても、セックスの対象、つまり性欲の対象としては認識されなかったということです。この喩えを強いて現実の場に求めるとすれば、たしかに、親は自分の息子と娘は認識します。ところが娘に対して性欲の対象としては認識しません。正常な精神状態であればね。今は、近親相姦とかそんな無茶苦茶なことが言われてるから、これはもう話になりませんけども。もちろん、親のその感覚が、そのまま〈原罪〉のないイエスということに当てはまるかというと、それは当てはまりません。けれども、喩えとしてなら言えるということです。

性欲に悩んでいた僕は、最初に博多で千石さんに会ったときも、イエスと性欲についての話をしつこく聞いたのですが、そのとき千石さんはこんなことを言いました。

「たとえが適当ではないのですが、野球がクライマックスになっているときに、どんな健康な男の人でも性欲のことは考えていないんじゃないですか。満塁になっていて、ピッチャーがこの一球で勝負というようなときに、女が股を広げようとどうしようと、そのピッチャーに性欲は起きないはずなんですよ」

つまり、何かに熱中しているときには性欲は起きない、精神状態があるところまで高揚した場合には性欲が起きない、ということです。それほどにイエスは常におそろしい高揚をかち得ていたと言うのです。

イエスとスエイを比べるのはおこがましいことですが、自由なデザインができると思ってキャバレーに勤めていたとき、周りにホステスさんがたくさんいたのに、性欲を感じたこと、つまり色情が動いたことはまったくありませんでした。イエスはおそらく神との交信でおそろしい高揚をかち得ていたのでしょうが、僕はデザインで世の中を変えようと本気で思っていて、毎日そのことばかり考えていたからではないかと思います。

真剣に何かに取り組んでいるときは、おそらく性欲は起きないのかもしれません。女の人にキョロキョロ目がいくようになり、みだらな思いで女の人を見るようになり、そのうち妻に内緒でコソコソ女の人と付き合うようになったのは、熱中するものがなくなり、自分の中に虚無の風が吹いていたからかもしれません。

千石さんは本の中で、色情を持って相手を見れば「死の法則が働く」と言っていますが、この「死」とは、おそらく「虚無」のようなことではないでしょうか。虚無に支配されると心がドヨンとしてきて生き生きできなくなる、それが「死」ということではないかと思うのです。

なぜこんなに性欲にこだわるのかというと、自分の性欲をおぞましいものと思っていて、性欲は僕のなかで大きな問題だったからです。たとえば恋人とセックスするような雰囲気になったときでも、自分のあさましい性欲が露呈するのが嫌で、自分からホテルに誘ったりできません。セックスなんかしなくてもいいというような顔をして、できれば相手から耳元でささやくように「ホテル行こ……」とか言ってもらいたいわけです（アホか！）。

始まりはセックスでも、付き合っているうちに情も湧いてきます。そして、その相手から「わたしと結婚して」と真剣に言われたことがあります。妻と離婚する気もないのに、本当のことを言うと嫌われると思い結論を曖昧にしていたら、その人が精神を病み自殺未遂するということがありました。

僕はただの一度も、（妻を含めて）女の人と真剣に向き合ったことがないのではないかと思いました。若いときにできなかった恋愛に憧れて、恋愛ゴッコのようなことをしたいと思っていただけかもしれません。それはただの現実逃避です。そんな僕のエゴに巻き込まれた女の人はいい迷惑です。

僕が女の人にだらしなくなったり、セックスにとらわれたり、性欲をおぞましいものに思ったりするのは、子供のころの体験がトラウマのようになっているからではないかと思います。

僕が生まれたのは岡山県の山奥の村で、僕が子供のころ、母親は肺結核に罹って町の病院に入院していました。僕が小学校に入学したころ家に戻ってきましたが、病気が治ったわけではなく、もう治らないところまで進行していたので、医者がさじを投げたからです。久し振りに母親と一緒に暮らすようになったので母親に甘えたかったのですが、父親が働きにいって家にいないときに、レイちゃんが遊びに来るようになりました。

レイちゃんというのは隣のお兄ちゃんのことで、年は二十歳を少し過ぎたぐらいだったと思います。炭焼きの仕事をしていたのですが、不良っぽくてカッコいいので、僕はちょっと憧れていました。ときどき岡山市内の怪しいところに遊びに行っているようで、そのついでに買ってきたドクロのお面とかを持ってきてくれることもありました。

そのうち、レイちゃんが来ると母親に外に追い出されるようになりました。最初はなぜ追い出されるのかわからなかったのですが、そのうち子供ながらに薄々その理由がわかってきました。

僕には三歳下の弟がいるのですが、母親は弟を産んですぐ入院したので、弟はオッパイに飢えていたのか、帰ってきた母親の乳房にいつもしがみついていました。

あとで弟から聞いた話ですが、弟が母親のオッパイにしゃぶりついていると、レイちゃんがやってきて「それはワシのじゃ」と言ったそうです。そう言われても弟はオッパイを離さなかったらしく、弟とレイちゃんでオッパイの取り合いになって、レイちゃんは「片方だけワシにくれ、片方はお前にやるから」と弟に言ったそうです。弟とレイちゃんが母親のオッパイに吸いついているところを想像すると、何だかおかしくなってしまうのですが、子供と愛人に同時にオッパイを吸わせる母親もかなりヘンです。

これもあとになって聞いた話ですけど、母親はレイちゃんの子供を流産したそうで、レイちゃんとの関係は当然父親も知っていて、そのことで母親としょっちゅう喧嘩をしていました。あるとき火鉢が飛ぶ大喧嘩のあと母親は家を飛び出し、その八日後、レイちゃんとダイナマイト心中してしまいます。

僕は小学校一年生にして、男と女の間には何やらおぞましいものがあることを知ったのです。それがセックス（岡山弁で言うとオメコ）だということを知るまでに、そんなに時間はかかりませんでした。

僕は母親が大好きだったのですが、レイちゃんが来るとシッシッと猫か犬のように追い払われるので、すごく寂しかったことを覚えています。だから、母親を豹変させたセックスに、恨みのようなものがあるのかもしれません。

父親は、母親が亡くなってから元気がなくなり、働きにも行かず家でゴロゴロしていました。家に食べるものがなくなってきたので、父親にそろそろ働いたらどうかと言うと、「なんでワシだけ働かすんじゃ」と情けない声で言います。「なんで」って言われてもね、僕らはまだ子供でしたから。

その父親の性欲もとんでもないものだということを、あとから知ることになります。

村にカヨちゃんという白痴（はくち）の若い女の人がいました。髪は伸び放題で垢（あか）だらけで着物をだらしなく着て、毎日村をフラフラ歩いていましたが、みんなは見て見ぬふりをしていました。

そのカヨちゃんがある日突然わが家に来て、うちで飼っていた猫を逆さにぶら下げてニタニタしていました。そのとき家には僕と弟しかいなかったのでかなり怖かったのですが、父親がいないとわかるとカヨちゃんは帰って行きました。

それからしばらくして、父親とカヨちゃんのことが村中で噂になりました。カヨちゃんが「ジュウちゃんとオメコした」と言って、家々を回ったからです（ちなみにジュウちゃんとは父親のことです）。おそらくカヨちゃんは嬉しくて、自慢したくて言いふらしたのだと思いますが、このオメコ騒動のことは子供たちにも伝わっていて、学校でバカにされて恥ずかしい思いをしました。

その後、父親がカヨちゃんとオメコを続けたのかどうか知りませんが、父親の性欲は切羽詰まると本当に見境がなくなります。性欲だけでなく食欲にも貪欲で、僕らに内緒で村に一軒だけある雑貨屋によく行って、牛乳を飲んだり魚肉ソーセージを食べたりしていました。

その雑貨屋を通りかかったとき、店のおばさんが鯖のウジを取っていたことがあります。山奥なので新鮮な魚は入ってこなくてその鯖も塩鯖なのですが、ウジが湧くまで売れ残っているわけです。こんな魚、誰が買うんだろうと思っていたら、父親が買っていました。山奥ですから蛋白質が不足していたこともあるのですが、父親は異常に肉や魚が好きでした。村にホルモン焼き屋ができたとき、お金もないのにしょっちゅう行っていました。そのホルモン焼き屋の子供が僕と同級生で、その子に「おめぇとこのオヤジは金払わんぞ」と言われ、これもまた学校で噂になりました。父親の性欲と蛋白質の関係を想像して、牛乳やホルモン焼きもおぞましいものと思っていました。

そういう父親のようになりたくないと思いながら大人になりましたが、三十代のある時期から狂ったようにセックスばかりするようになり、夏のある日の早朝、朝日が昇るのを見ながら高田馬場のマンションの屋上でセックスしていたとき、普通の性欲じゃない父親の血と淫乱な母親の血が自分の中に流れているのを確信しました。

四十代になってからセックス熱は一段落し、代わりに、パチンコ、麻雀、競馬、競輪、チンチロリン、先物取引、不動産投機と、狂ったようにギャンブルやギャンブルまがいのことをするようになりました。その結果、巨額の借金を抱えてしまい、「もうどうにでもなれ」と思っていたころ、神藏美子と知り合いました。

前にも書いたように、神藏美子は嘘がありませんでした。なんでも本当のことを言うし、怒るし、泣くし、相手に対してよかれと思うことはくどいほど言います。そういう女性と付き合ったのは初めてでした。

嘘がない相手には嘘がない付き合いをしないといけません。僕は女の人に嘘ばかりついてきましたが、本当は嘘をつく自分が嫌でした。嘘をつくたびに罪悪感が溜まっていき、自分がどんどん弱くなっていくようでした。常に本音でいられると清々しいし、パワーも出ます。

それまで慢性的にうつ状態だったのは、借金問題やギャンブル依存症のこともありましたが、根本的には自分の中の欺瞞が原因です。嘘のない生活をしたい、自分に取り憑いている虚無を追い払いたい、五十を前にしてちょっと遅かったかなと思いましたが、神藏美子と出会ったことによって、これまでの自分にさようならして、人生をやり直す覚悟を決めたのでした。

新しい不安定な生活

家出したあと、旅行気分でホテルを転々としていましたが、それも十日ぐらいで飽きてきました。それに毎日ホテルを予約するのも面倒だし、家を出るときに持ってきた三百万円もすぐになくなってしまいそうだったので、部屋を借りることにしました。

部屋探しは神藏美子が手伝ってくれました。彼女が両親のマンションを探したとき、三方向に窓がある風通しのいい明るい部屋を見つけたそうで、部屋探しには自信があると言っていました。

勤めている会社がある高田馬場から遠からず近からずのマンションを数軒、不動産屋さんに紹介してもらい、それを一日かけて彼女の車で見て回ることにしました。

僕は部屋探しや買い物が苦手で、だいたいなんでも即決してしまいます。最初に見に行ったマンションは、目白のおとめ山公園そばの静かなところにあり、建物も新しくフローリングのモダンな部屋でした。難を言えば狭いことですが、ここよりいいところはないような気がして「ここに決めよう」と言うと、彼女はちょっとあきれた顔をして「ダメだよ、全部見なきゃ」と言います。

そのあと、落合、中野と見て回り、やっぱり最初の部屋がよかったかなと思ったとき、果たして彼女も一緒に住んでくれるのだろうかという疑問が、ふと頭をよぎりました。二人で住むことが当然のように思っていたのですが、僕らは俗に言うダブル不倫で、彼女も結婚しているのです。すんなりと家を出られるとは思えません。

それまでお互いに結婚相手のことはあまり話しませんでした。あえてその話をしなかったというより、神藏さんは女装をテーマにした写真作品をつくることで頭がいっぱいだったし、僕は神藏さんとセックスしたい気持ちで頭がいっぱいだったので、二人でいる時間は、たいてい神藏さんの作品の話か二人で抱き合っているかのどっちかでした。

冬の陽は早く沈み、最後の方南町（ほうなんちょう）のマンションを見に行ったときは、すでに薄暗くなっていました。それは路地の突き当たりにある古びた三階建ての、春光苑という焼肉屋さんみたいな名前のマンションでした。神藏さんは部屋に入るなり「ここいいんじゃない？」と言いました。三階の角部屋なので見晴らしもいいし、エレベーターはないけど三階までゆったりした内階段があるし、３ＤＫのわりには家賃が安いし、建物が古いということを除けば好条件のマンションです。やはり不動産探しは最後まで見ないといけません。神藏さんと一緒に探してよかったと思いました。

ということで、方南町のマンションを借りることに決め、手続きを済ませ、スーパーで布団を買ってきて、僕はそのマンションで暮らし始めました。環七にも方南通りにも近いのに、車の音はほとんど聞こえません。夜になると、都心とは思えないくらいシーンとしています。屋上に上がってみると、新宿の高層ビル群が近くに見え、赤いライトがパトカーのように点滅しています。その夜景を見ながら、誰かから逃げているわけでもないのに、絶好の隠れ家を見つけたような気分になっていました。

僕は神藏美子のことをいつも「神藏さん」と呼んでいたのですが、なんとなく他人行儀な呼び方なので「なんて呼ばれるのがいい?」と聞いてみると、「みんな美子ちゃんって呼んでくれて、私もそれが一番好き」と言うので、ちょっと照れくさかったけど「美子ちゃん」と呼ぶことにしました。女の人をちゃん付けで呼んだりしたことはなかったのですが、そう呼ぶことでより親密な気持ちになりました。

美子ちゃんは、自分が住んでいるマンションから最初に布団を運んできました。それから衣類や食器類やらを、自分の車で少しずつ運んできました。僕が休みの日には、二人でカーテンやジュータンや家具などを買いに行きました。ジュータンの色なんて何色でもいいのですが、美子ちゃんはグリーンにこだわっていて、そんな色はなかなかないので探すのに苦労しました。

そうして部屋は少しずつ整っていったのですが、美子ちゃんは完全には引っ越してきません。こっちに泊まったり、向こうに行ったり、行ったり来たりの毎日です。僕は何か早まったことをしたのではないかと思うようになりました。

そういえば僕が家を飛び出した日に、美子ちゃんに「今日家を出たよ」と電話すると、驚いたような様子だったことを思い出しました。僕はときどき向こう見ずなことをしてしまい、あとで取り返しがつかなくなることがあります。今回のことは人生を賭けた一か八かの大勝負と思っていたので、なんだか心細くなってきました。

部屋に一人でいると、ついつい妻のことを思ってしまいます。

僕が家を飛び出してから三日間、携帯電話が鳴りっ放しでした。美子ちゃんといるときは無視していたのですが、ホテルで一人のとき、おそるおそる電話に出ると、妻が「昨日も帰ってくるかもしれないと思って、ずっと駅で待ってたんだよ。私が悪かったから、私が直すから、帰ってきて」と泣きながら言います。寒いのに終電まで駅で立っている姿を思うと可哀想でなりません。情に流され帰りたくなる気持ちを抑えて、「でも、もう決めたことだから」と言うと、「いやだよぉ！」と言って号泣していました。そのあと一度家に帰り、紙袋に衣類を詰め込み、正式に家出（正式というのもヘンですが）してからは、電話は一度もかかってきませんでした。自分からかけるのも怖いし、かけたとしても別れることは決めていたので、いまさら話すこともありません。

しかしかかってこないと、まだ泣いているのだろうかとか、僕はもう忘れられたのだろうかとか、いろいろ考えてしまいます。おそらく心の奥底では、かかってきてほしいと思っていたのかもしれません。かかってきたからといってどうなるものでもないのに、自分が忘れられるのが寂しいのです（あとになって妻のことを知っている知人から聞いたところによると、僕は死んだことになっていて、僕のものはすべて処分していたそうです。僕が死んだと思うことで、僕のことを忘れようとしていたのだと思います）。

方南町というところは、新宿までタクシーなら十五分少々で行けるところですが、電車だと地下鉄丸ノ内線の支線に乗り、中野坂上で本線に乗り換えなければなりません。方南町と中野坂上を往復している電車は二両編成で、勤め先からの帰りにこの電車に乗り換えると、異次元の世界に連れていかれるような気持ちになることがありました。

終点の方南町駅は、レトロっぽいアーチ形の地下壕みたいな小さな駅で、配線が剝き出しになっていたりして過去にタイムスリップしたようです。それに方南町自体が、時代から取り残されたような町でした。老人が多い方南町の古びた路地を歩いていると、夢の中の町にいるような気持ちになってきます。長い間一緒に暮らした妻のもとを出て、初めての町に住み、その生活もどうなるのかはっきりしない不安定な状態だったからかもしれません。

そのころ（若干のタイムラグがあるかもしれませんが）美子ちゃんは、夫の坪内祐三さんに家を出る話をしていました。

ある夜、「好きな人が出来たから家を出ようと思う。」と泣きながら坪内に言った。「美子ちゃんはアーティストなんだから好きにすればいい。」と坪ちゃんがそう言って、私達はリビングと書斎兼寝室の境あたりの絨毯の上にベタリとすわりこんで話をしていて、それはそれなりにせっぱつまったような状況だったのだけれど、「アーティスト」と言われたのは初めてで、私のことをそういうふうに見てたのかなと泪をポタポタさせながらふっと思った。それまで坪ちゃんと別れて暮らすことを考えたことは一度もなかった。わたしたちは性格や資質はとても違っていたけれど、いつのまにか同じビューポイントに立って世の中を見ていたと思う。それはわたしが坪ちゃんの視点に乗っていたのかもしれないけれど。その時、家を出なくてはいけないということははっきりしていても、坪ちゃんを一人にして離れて暮らすと考えただけで苦しかった。

わたしは好きな人が出来て出て行こうとしているのに、はまぐりの貝柱みたいにそこから離れがたかった。そこというのはFマンションの家のことだけでなく二人のカプセルのような世界だったと思う。

（神藏美子『たまもの』）

『たまもの』は、僕たちが方南町に住みだしてから五年半経って出版された本ですが、僕はこの本を読んで初めて、美子ちゃんが坪内さんに家を出る話をしたときのことを知りました。あえて聞かなかったのではなく、お互いにその瞬間のことは話せないものです。

しかし坪内さんの話は、方南町に住むようになってからよく出るようになっていました。坪内さんと出会ったときのことや、坪内さんの家族のことや、坪内さんと同じビューポイントに立っていたことや、だから二人でいると安心していられたことなど、坪内さんの話題は尽きません。坪内さんの話がよく出るようになったのは、おそらく坪内さんとはまったく違うなんだかよくわからない男と住むことになって、急に不安になったからではないかと思います。

好きな人ができた話を坪内さんにすると、「美子ちゃんがしあわせでいてくれればいい」と言って、相手のことは何も聞かなかったという話を聞いてびっくりしました。僕だったらおそらく、嫉妬に狂って何をするかわかりません。とても相手のしあわせを思う気持ちなど持てないと思います。

坪内さんの話が出るたびに、何もかも自分と比べられているように思い、自分の中のコンプレックスが膨らんできて、気持ちがどんどん沈んでいきます。

僕は人と話すことが苦手です。美子ちゃんが話すのを黙って聞いていると、「末井さんも何か話して」と言います。何か話そうと思うのですが、話すことに慣れていないので何も話したらいいのかわからなくて、苦しまぎれに、当時美子ちゃん以外に付き合っていた三人の女の人たちのことを話していました。こんな話をすると美子ちゃんが不機嫌になるのではないかと気になりましたが、興味深く聞いてくれているようでした。

その女の人たちには、美子ちゃんとのことを話して別れてもらうことにしました。それまで言いたくても言えなかったことが、すんなり言えたので自分でも驚きました。家を出たので家庭を壊されることがなくなったことと、美子ちゃんとしか付き合わないと心に決めたことが、自分を強くしてくれたのだと思います。

一番怖かった人に一発張り倒される覚悟で話したら、意外にも「好きな人ができてよかったね」と励まされたので拍子抜けしました。向こうも僕に飽きていたのかもしれません。

坪内さんは、僕が書いた『素敵なダイナマイトスキャンダル』という本を読んでくれていて、僕が八〇年代に編集していた『写真時代』も「あれは末井さんの作品だ」と言ってくれていたと聞きました。美子ちゃんが坪内さんに好きな人ができたと言ったとき、誰と付き合っているか聞かなかったそうですが、あるとき坪内さんが「末井さんでしょ」と言ったそうです。美子ちゃんがうなずくと、坪内さんは「神様はいるんだね」と言ってくれたと聞いて、嫉妬を通り越して頭が下がる思いがしました。僕なんかと比べることなどできない人で、そう思うと僕はますますコンプレックスにさいなまれてしまうのでした。

嘘と自己嫌悪

美子ちゃんは、方南町のマンションに完全に引っ越してきましたが、一緒にいる時間が長くなるにつれ、言い争いが多くなりました。

美子ちゃんと暮らしだして二人で最初に決めたことは、お互い嘘をつかないということでした。言い出したのは美子ちゃんで、嘘をつかないことをことさら強調していたのは、僕が何人かの女の人と付き合っていたことを知っているので、この男には嘘の習性が染み込んでいると思っていたからかもしれません。

そういう嘘人間の僕も、もう嘘はやめたいと思っていたのは本当です。嘘をついていると罪悪感で胸がチクチク痛んで、自分がどんどん弱くなっていく気がするからです。それに、本当の自分というものがあいまいになってしまいます。

たとえば、妻に内緒で女の人Aと付き合っていると、妻はいるけど女の人Aと付き合っている自分aと、絶対そんなことはしていない自分bに分かれます。女の人Aと会っているときは自分aで、妻といるときは自分bになるのです。
そして、また別の女の人Cと付き合い始めると、妻はいるけど女の人Cと付き合っている自分cが生まれます。つまり、自分cのときには自分aのときにいる女の人Aはいないわけです。そのように、分身の術みたいに嘘をついている自分がどんどん増えていき、本当の自分がどれなのかわからなくなります。そしていつか嘘がバレるんじゃないかとオドオドするようになったり、本当に心の底から笑うことができなくなったりするのです。千石剛賢さんは『隠されていた聖書』の中で、夫婦における嘘について次のように言っています。

夫婦というものは一体になれさえすれば、何ものにもかえ難い宝を手に入れたようなもんで、打ち出の小槌をふるようにその夫婦のありかたから、いくらでもしあわせが湧き出ます。ところが、その夫婦の中に嘘が生じたとします。たかがちょっとした嘘ぐらいと思われるかもしれませんが、ちょっとであろうとそっとであろうと夫婦の中に嘘が入り込みますと、もうどんなにがんばっても、その夫婦にはしあわせは絶対におとずれません。

脅しじゃないかと思ってしまうほど強い言葉ですが、夫婦は「一体になれさえすれば」いくらでもしあわせが湧き出てくるけど、少しでも嘘が入ると一体になれないということを言っているわけです。それは、嘘が入ったとたんにお互いが引き裂かれてしまう、つまり他人意識が生まれるからです。他人意識になれば、憎悪が湧くことだってあります。

そうはわかっていても、なかなか嘘をつくことは直りません。嘘をつく習慣がついていると、絶対嘘をつかないようにしようと決心していても、咄嗟に嘘が出てしまうのです。

美子ちゃんは、方南町で暮らすようになってから、有名人の女装写真シリーズを週刊誌で撮るようになり、ますます忙しくなりました。僕は毎日会社に行くのですが、美子ちゃんから言われた「末井さんはほかにやることがあるでしょう」という言葉が、いつも心に引っかかっていました。その「ほかにやること」はなんなのか、新しい雑誌をつくることなのか、あるいは文章を書くことなのか。文章は週刊誌でパチンコの記事を連載していましたが、そういうことではないし、新しい雑誌を立ち上げる気力もないし、いったい何をやればいいんだろうと考え込んでいました。

会社が休みの日、美子ちゃんが撮影で出かけているときは、一人で方南町をウロウロ歩き回ったり、喫茶店に入って日記のようなものを書いたりしていましたが、自己反省文みたいになってだんだん憂うつになってきます。憂うつになると、決まってパチンコをやりたくなってしまうのです。

僕は以前、『写真時代』という雑誌を編集していましたが、警視庁からわいせつ図画販売容疑で捜査が入り、雑誌は事実上の発禁になりました。会社で一番売れていた雑誌だったので、社長に申し訳ないことをしたということと、『写真時代』に関係していた著者や印刷会社の人や取次の人が次々に警視庁に呼ばれ、さらに申し訳ない気持ちになり、気持ちが沈んでいました。人に会いたくないので、パチンコ店に逃げ込むようになり、だんだんそこが居心地のいい場所になっていきました。

パチンコをやっていると人と話す必要がありません。打っていると頭の中がカラッポになっていき、嫌なことも全部忘れてしまいます。しかも勝てばそれなりに充実感があります。

そのうち毎日パチンコ店に通うようになり、パチンコ依存症のようになっていました。パチンコはそれまでやったことはなかったのですが、わずか半年でパチンコを打っている人の気持ちがわかるようになり、『パチンコ必勝ガイド』という雑誌を出すことになりました。それが売れて忙しくなっていくにつれ、うつも治っていきました。パチンコに救われたような気持ちです。

パチンコ雑誌を編集していたころは、忙しくてパチンコに行く時間が減っていましたが、それでも仕事を夜に回して朝からパチンコに行っていました。雑誌の編集から遠ざかっても、気分が落ち込んだらパチンコ店に入るのが習慣になっていました。しかし、パチンコをやっている僕を、美子ちゃんはよく思わないはずなので、美子ちゃんと暮らすようになってから、パチンコをやるたびにうしろめたい気持ちになっていました。

そういう気持ちがあるので、撮影から帰ってきた美子ちゃんに「今日は何してたの？」と聞かれると、パチンコをやっていたのに、咄嗟に「喫茶店で本を読んでいた」とか嘘を言ってしまいます。

美子ちゃんはよく「小さな嘘をつかないで」と言っていました。大きな嘘ならいいのかということではなく、小さくても大きくても嘘は嘘で、小さい嘘のほうが無意識に出るから、そう言ったのだと思います。

嘘をついてしまうと、パチンコで勝った話とかはできないので、おのずと黙ってしまいます。すると美子ちゃんが、「末井さんも何か話してよ」と言います。突然そう言われても何を話したらいいのかわからなくて、焦ってますます黙ってしまいます。

美子ちゃんは、僕があまり話をしないから不安だと言います。美子ちゃんと暮らし出してから四ヵ月ほど経ったころ、東北の温泉旅館に行ったことがあります。朝食を食べに食堂に行ったら、五組ぐらいの中年夫婦がほとんど話さずに黙々と食事をしていました。僕らも同じように黙って食事をしたのですが、あとで美子ちゃんがキレて「私たちもああいう夫婦になるの?」と叫ぶように言いました。

僕は若いころ、対人恐怖症のようなところがあり、しかも自意識だけは強かったので、特定の人としか話せませんでした。編集の仕事をするようになると、大勢の人と話す機会が多くなり、逆療法で誰とでも話せるようになったつもりでいたのですが、気を抜いてしまうと黙ってしまいます。

前の妻もあまり喋る人ではなかったので、家でも会話は少なかったのですが、僕が女の人と付き合ったりするようになってから、嘘を考えるのが面倒になってますます会話は減っていきました。しかし、妻から「何か話してよ」と言われたことは一度もありませんでした。

美子ちゃんの「何か話してよ」という言葉が、まるで脅迫されているように、胸にグサッと刺さります。

美子ちゃんが「末井さんの虚無がうつりそうで怖い」と言います。僕はギクッとしました。母親がダイナマイト心中したことも影響していると思いますが、子供のころから自分の中に虚無のようなものがあることは感じていました。でも、そのことを話すと美子ちゃんに嫌われると思って、その話は避けていました。嘘をつかないようにし、何かに一生懸命になれば虚無はなくなると思っていたのですが、一生懸命になるものがないのです。

あるとき、妻に払う慰謝料の話をしていたとき、僕が人に無闇（むやみ）にお金を貸すという話になりました。

「なんでそんなに人にホイホイお金を貸すの？　人によく思われたいからでしょう」と美子ちゃんがキツいことを言います。

「だって困ってるって言ってるんだから」

「困ってたら誰にでも貸すの？」

「誰にでもってわけじゃないけど……」

「そうやってみんなの御神輿（おみこし）に乗りたいんでしょ」

確かにいろんな人にお金を貸していたのですが、ほとんど返してもらっていませんでした。相手が困っていたから貸したわけで、自分ではいいことをしていると思っていたのですが、言われてみれば断れないから貸していただけかもしれません。つまりは、自分が嫌われたくないから貸すということです。追い討ちをかけるように「坪ちゃんだったら絶対そんなことしないよ」と言われ、「また比べられてる」と思って黙ってしまいます。

美子ちゃんが調子が悪いとき、沈んだ顔で「元気が出ない」と言います。僕に「なんとか言ってよ！」と言うのですが、なんと言ったらいいのかわからなくて、とりあえず「元気を出してよ」と言うと、「そんなこと言っても元気が出るわけないでしょう！」と怒ります。

もちろん、そんなことを言っても、美子ちゃんが元気になるはずはありません。真剣に美子ちゃんに元気になってほしいと思っていないからです。面倒だから早くこの場を逃げ出したい、一人になりたいという気持ちのほうが強かったのだと思います。だからそんな言葉しか出てこないのです。

美子ちゃんは常に前向きでした。それに対して、僕はうしろ向きではないにしても、常に気持ちがドヨンとしていました。僕が黙っていると、「なんで自分の思ってることを言わないの？」「なんでいつも引いてしまうの？」「なんで自分に自信が持てないの？」と美子ちゃんはたたみかけてきます。確かに自分には内気で遠慮がちなところがあるけど、それは美徳じゃないかと思ってもいたのでした。しかし、それが美子ちゃんの言葉で、引っ込み思案で自信がなく、いつもオドオドしているダメ人間ではないかと思うようになります。美子ちゃんはそうやって僕が自己肯定していたことを、自己嫌悪に変えてしまいます。

ああ、もう嫌だ。美子ちゃんといると自己崩壊する。これ以上、何か言われるとキレてしまう。何をするかわからない。一人になりたい。そう思って心のシャッターをピシャッと閉じてしまいました。

いまでも覚えている、そのころ見た夢があります。ヨーロッパの宮殿のようなところの石段で、美子ちゃんが片肘をついて座っています。その隣に坪内さんがいるのですが、顔のところはボーッとしていてよくわかりません。僕は自分のことをベラベラと美子ちゃんに話しているのですが、美子ちゃんはシラーッとして僕を見ています。坪内さんは何も言いません。寝言で「いいよ、もう別れても!」と叫んだところで目が覚めたのでした。

自分しか愛せない

僕が閉じこもりがちになるのは、子供のころからでした。一人が特に好きなわけではないのですが、なんとなく一人でいることが多く、小学校三年生のときにいじめられてからは、学校のみんなと距離を取るようになっていました。

山に登るのが好きで（それくらいしか遊びがなかったこともありますが）、学校から帰るとよく一人で家の裏山に登っていました。

山に登るのが好きな理由は、頂上が近づくにつれて空がだんだん広くなること、そして遠くが見渡せることです。裏山は頂上に松の木が少しだけ生えたハゲ山で、視界が遮られないから遠くまで見えます。いつも眺めている景色なのに、見飽きることはありません。遠くをボーッと眺めながら、心を遠くに飛ばします。この山奥の村から早く出られますように、出ていく先が楽しいところでありますように、というおまじないです。

空を眺めるのも好きでした。寝っ転がって真っ青な空に浮かんでいる雲を眺めていると、雲がどんどん変化していき、動物になったり怪物になったり人の顔になったりするので、これも見飽きることがありません。そのうち自分が宇宙と一体になっていくようで、とても満ち足りた気持ちになっていました。ときにはギターを持っていったり、オナニーをしたり、晴れた日の裏山の頂上は、僕にとって楽園のようなところでした。

子供のころのことで覚えているのはそういうことばかりで、友達と遊んだ記憶はほとんどありません。いま思えば孤独な少年のようですけど、あまり寂しいと思ったことがありませんでした。おそらく寂しいという言葉を知る前から一人でいることが多かったので、それが普通のことだと思っていたのかもしれません。それと、一人でいても充分楽しかったということもあります。

そういう子供のころのクセで、社会に出てからも一人でいることが多く、逆に人がいると緊張してしまいます。会社の同僚との飲み会が苦痛で、忘年会や新年会はもっと苦痛で、社員旅行はさらに苦痛でした。

前の妻と十九歳のときに出会い、それからずっと一緒に暮らすようになったのですが、結婚していても、心はいつも一人だったのではないかと思います。

家に帰らないことが多く、妻と話す時間はあまりなかったのですが、たまに二人で家にいるときも、あえて話すこともせず、ソファで寝たり一人でパチンコに行ったりしていました。喧嘩をすることはあまりなかったのですが、何かのことで口喧嘩になり、妻が突然、殺虫剤を僕に向けたことがありました。あのとき、僕に対して殺意があったような気がして、いまでもときどきそのときのことを思い出します。

そして美子ちゃんと出会い、一緒に暮らすようになって、自分を変えよう、変えようと思いながらも、どうしても自分の殻に閉じこもってしまい、美子ちゃんを不安にさせてしまいます。

喋らないから何を考えているのかよくわからない男を前にして、美子ちゃんのイライラは慢性化していました。そうなると、美子ちゃんの機嫌をいつも気にするようになり、笑っていれば安心し、声をかけても返事をしてくれないときは緊張が走ります。

僕が自分のなかに閉じこもっていると、美子ちゃんが呟くように「つまんない」と言います。その言葉に怯(おび)え、胸がギューッと締めつけられたようになります。

雑誌を編集していたころも、「つまんない」という言葉が一番の恐怖でした。大手の出版社が出している雑誌と違い、広告も入らないし制約が何もなかったので、好きなように雑誌がつくれました。しかも経営者は売れていれば内容には一切口を出さなかったので、自分が好きな著者ばかりに原稿を頼んでいたら、エロ雑誌なのにサブカル雑誌みたいになって、みんなからおもしろいと言われるようになりました。僕自身を雑誌に反映させているように思っていたので、自分が誉められているような気にもなっていました。「なんだかよくわからないけどおもしろい」、そう言われることが、僕にとって一番嬉しいことでした。「おもしろい」と言われるたびに自意識が膨らんでいき、次はもっとおもしろいものをつくらなければと思い、どうしても自分で納得できるものがつくれなかったときは、みんなから「つまんない」と言われるのではないかとビクビクしていました。

このエッセイだって、こんな暗い話ばかり書いて、人からつまらないと思われているのではないかと思うと心配でなりません。

話が逸れましたが、美子ちゃんが言う「つまんない」は、雑誌や文章に対して言っているのではなく、僕自身に言っているわけです。つまんない男といるから、私までつまんなくなるというわけです。それはまるで、お前は世の中に存在しなくてもいいと宣告されているようなものです。

いや、冷静に考えればそんなことを言っているわけではないのですが、「つまんない」に過剰反応してしまい、自分が何もおもしろ味がない無能な男だと否定されたように思って、今度は怒りの感情が湧き上がってきます。

美子ちゃんに怒鳴らなければ気持ちが収まらなくなっているのですが、何をどう怒鳴ったらいいのかわからなくて言葉が出てきません。言葉が出ない代わりに、テーブルにあったコップを壁にぶつけてしまいました。「何すんのよぉ〜!!!」と美子ちゃんが叫びます。

僕は怒りの感情の沸点が低いわりには、喧嘩が苦手です。三十代のころ、喧嘩をふっかけられたことが一度あったのですが、それに対して咄嗟に言葉が出なくて、いきなり相手を殴っていました。それを見ていた人が警察に通報したようで、警官が飛んできて警察署で一晩中取り調べを受けたことがあります。

言葉が出ない代わりに暴力に出てしまう自分の性質が怖くて、腹が立つことがあっても怒りの感情を抑え、なるべく穏やかにしてきました。その甲斐があって、人前ではめったなことでは腹を立てなくなったので、人からは温厚な人に見られているはずです。ところが美子ちゃんを前にすると、そういう化けの皮がいっぺんに剝がれてしまいます。

美子ちゃんは、自分の感情を隠すことは一切しません。イライラしたときも、腹が立ったときも、落ち込んだときも、そのままの感情をモロ出しにします。それに反応して、僕も感情的になってしまうのです。

美子ちゃんは割れたコップを片づけながら、あきれたように「子供みたい。もう疲れたよ。安心できる人と暮らしたいよ」と言います。そう言われるとまたイライラしてきて、「それはもう別れたいということですか。いいですよ、別れても。安心できる人でも見つけてください」とふてくされて、「別れたほうが楽だなあ、一人になりたいなあ」と思ってしまいます。

　あれほど美子ちゃんのことが好きになって、妻のもとを飛び出して一緒に暮らしているのに、「つまんない」の一言で別れてもいいと思っている自分は、いったいなんなのでしょうか。本当は美子ちゃんを愛していなかったんじゃないか。機嫌がいいときの美子ちゃんを、愛していると思っていただけなのかもしれません。

　いや、愛していないわけではありません。自分のプライドが傷つけられたから腹が立っているだけです。お互いに機嫌がいいときは、美子ちゃんを愛しているという実感があるのですが、美子ちゃんがイライラしているときや、自分が落ち込んでいるときは、自分の殻に閉じこもってしまって一人になりたくなってしまうのです。つまり一番愛しているのは自分で、その次に美子ちゃんを愛しているということです。しかし、それを愛と言えるでしょうか。愛とは何にも増して、まず相手のことを最優先に考えることです。

　最初のころ、美子ちゃんと言い争いになったとき、「そこまで言うか」ぐらいのことを言われて、いたたまれなくなって外に飛び出したことがありました。本気で別れようと思いながら町を歩き回っていたのですが、自分が真っ暗な宇宙に一人だけ浮かんでいるような気持ちになってきて、胸が苦しくなりその場にうずくまってしまいました。孤独とはこういうことなのかと、そのとき初めて知ったのでした。

人は一人では生きていけません。だから人と人は引き合うのですが、人と人が出会っても、お互い自分のことしか愛せないと気づいたとき、孤独と絶望が襲ってきます。男が女に、女が男に引かれるのは、誰もが男と女は本当に愛し合えると潜在的に感じているからだと思います。

前にも書きましたが、聖書に「男は父母を離れて女と結ばれ、二人は一体となる」(創世記二章二四節)とあるように、「結婚」して男と女が一体になれたとき、初めて他者を愛した実感が得られるのだと思います。他者(妻)を愛せたら、その愛は外にも広がっていきます。「結婚」の意味はそこにあるのです。僕は一人でいるのが好きで、一人で完結しているようなところがあったのですが、美子ちゃんと暮らし始めて、初めて人を愛することを知ったような気がします。

喧嘩をすると気持ちが落ち込みますが、そういうことを気づかせてくれるので、喧嘩は必ずしも悪いとは言えないですね。

奥さんのところに帰ったら？

僕たちが方南町に住みだしてから一年が過ぎても、美子ちゃんとの生活はギクシャクしたままでした。

だいたい怒るのは美子ちゃんのほうで、僕から先に怒ることはほとんどありません。僕の対応が悪いのか、美子ちゃんが怒り出すと、こっちの人格が崩壊してしまいそうになるぐらいメチャクチャなことを言われます。いつもその場から逃げ出したくなるのですが、向き合わないといけないという気持ちもありました。美子ちゃんが本音で真剣に激しく怒るからこそ、僕も少しずつ変わろうとしていたのではないかと思います。お互い相手を傷つけないように表面的なことばかり言っていたら、もとのままで何も変わらなかったと思います。

当時の日記を見ると、美子ちゃんと言い争いばかりするなかで、自問自答しながらも自分を変えたいと思っていたことがわかります。

某月某日　「小さな嘘をつかないで」と美子ちゃんが言う。他者に対して本当でないことを言うのが嘘だが、自分を隠したり、自分を偽ることも嘘である。隠したくなる自分が問題なのであって、本当に自分が好きで自分が正しいと思っていれば、何も隠す必要がない。隠すということは、そこに正しくない自分を見ているということで、それが自分の弱さとなる。

某月某日　美子ちゃんから、僕が付き合っている編集者の悪口を言われて不愉快になる。美子ちゃんの言っていることはわかるけど、何か違うと思う。しかし、そのことがうまく言えない。美子ちゃんはダメな人と付き合っていると、自分もダメになると思っている。僕はダメな人と付き合って、その人のダメさがわかってくると安心する。自分に自信がないからなのか。

僕はどんな人にも興味がある。いや、どんな人にも興味がないのかもしれない。だから誰とでも付き合えるのかもしれない。美子ちゃんには、僕がダメな人間に振り回されているように見えるのだろう。

某月某日　僕は自己があやふやだという話になった。美子ちゃんのなかでは、自己というものがはっきりしている。僕はあやふやで、何をやりたいのかもはっきりしない。社会生活の中で、適当に自分の役割を見つけて、なんとなくうまくやっているだけだ。美子ちゃんの考え方は、自分を偽らず、人と妥協せず、自分のやりたいことをやるということだが、生活する（お金を稼ぐ）ことが抜けている。

生活するうえでは、妥協も仕方ないことがある。そのことを非難されると困る。同情してくれとは思わないが、そのことを理解してもらいたい。

某月某日　負けたことがあるという話を、負けたことがない美子ちゃんにした。僕はお金に負けた人間である。お金に負けたということは、お金のために自分を誤魔化したということだ。僕がお金に執着できていれば、それでよかったのかもしれない。しかし、お金に負けたことのモヤモヤがいまも残っていて、お金に無頓着なふりをする。それでまた自分を誤魔化している。自分を捨ててお金を選んだのだから、もっとお金に執着していればいいのだろうか。

僕にとって一番の欺瞞は会社と自分の関わり合いのことだが、問題を整理すればシンプルになって欺瞞でもなくなるのかもしれない。自分の表現とか、ものすごく個人的なことと会社を混同しているのが一番の原因ではないだろうか。仕事と割り切ってひたすら売れるものを考え、会社に利益をもたらし、会社からそれに応じたお金をもらう。そう考えれば欺瞞でもなくなる。

某月某日　「この本でも読んだら？」と言って、美子ちゃんが一冊の文庫本を僕の机に置いた。宇野千代の『おはん』だった（別れた女房おはんと、愛人の元芸者おかよとの間で気持ちが揺れ動いている情けない男が、一人称の形式で懺悔していく小説。おはんと別れて七年経ったころ、偶然おはんに出会ったことで、男はおかよの目を盗んでちょいちょいおはんと密会するようになる。宇野千代の代表作）。

「「……頼むけに俺のあと追うてあいになぞ来てくれるな。ほんにこの七年というながい間、俺という男に関って、世間を狭う(せも)に暮してきたそのお前に、今更すまなんだと詫(わび)いうたりする気はないけにな、」とそう言うてやればええのでござります。

それだけのことというてやればええのでござりますのに、私にはそれがいえませせぬ。恐しゅうていえませせぬ。こななこと思いきっていうてしもうたら、このおかよがどなな顔するか、それが恐しゅうてではござりませせぬ。たったいままでこの女に、もう花も実もある男やと思われていたその甲斐(かい)が、一どきにのうなってしまうのや思いますと、それが恐しいのでござります。」
僕もこの情けない男のように、自分が花も実もある男だと思われたいがために、妻に家や貯金を渡そうとしているのだろうか。美子ちゃんはそう思っているのだろうか。

某月某日　三軒茶屋の居酒屋で坪内祐三さんと初対面。ものすごく緊張する。謝るのもおかしいし、どう対応していいかわからず「どうも」とか言っていたように思う。美子ちゃんと美子ちゃんの友達のケイコさんも同席。スキャンダル雑誌『噂の真相』が僕たちのことを取材したいと言っていて、それにどう応じるかの打ち合わせも兼ねている。坪内さんは、一人寂しく夜中に生ゴミを出しているところを撮ってもらおうとか言っている。取材されるのを楽しんでいるようだ。僕もそういう気分に早くなりたい。いずれにしても『噂の真相』のおかげで、坪内さんに会えてよかった。

某月某日　女装の撮影で大阪に行っていた美子ちゃんと、朝四時ごろまで話す。僕とのことで気持ちが落ち込んでいて、大阪でもずっと嫌な気分だったとか。僕があまり話さないから、何を考えているかわからないから、何をしているかわからないから不安だと言う。会社であったことも、もっと話したほうがいいのだろうか。

某月某日　十一時過ぎに帰宅。美子ちゃんは食事を待っていてくれた。今日は坪内さんと会っていたらしい。坪内さんに会ってスッキリしたと言う。坪内さんは「末井さんも変わろうとしてるんだから、もう少し見守ってあげないと」と言っていたそうだ。坪内さんは僕より十歳年下なのに、坪内さんのほうがずっと年上のように思える。

僕は確かに変わろうとしている。家を出たときから、もう自分を誤魔化さないで生きていきたいと思っていた。女の人にフラフラ近づいていかなくなった。ギャンブルをやらなくなった。嘘もつかなくなった。でも、まだまだ変えないといけないところがある。疲れたり、気を抜いたり、言い争いになったりすると、スーッと自分の中に閉じこもってしまう。そこが一番居心地がいいからだ。これをなんとかしないといけない。

某月某日　美子ちゃんが僕を好きになって、坪内さんに「家を出たい」と言ったとき、坪内さんは「僕たちは特別の関係だから」と言ったそうだ。「特別の関係」とはどういうことなのだろう。男と女を超えた愛ということなのだろうか。僕は美子ちゃんを愛しているのだろうか。美子ちゃんの愛が坪内さんにあっても、愛していけるのだろうか。

美子ちゃんと坪内さんの関係は強いものだ。美子ちゃんは、人間として坪内さんと付き合い、男として僕と付き合うのだろうか。僕は男として美子ちゃんを愛していけばいいのだろうか。男として愛するとはどういうことなのだろうか。頭が悪くてこの先が考えられない。でも少しずつわかっていくのかもしれない。わからないものをいつも自分の前に置いておけば。まずは自分を解放することだ。自分のコンプレックスを克服して、美子ちゃんの言うように、自分にとって快適な環境と関係性をつくることだ。


某月某日　会社に行くとき、「奥さんのところに帰ったら？」と美子ちゃんに言われた。きつい言葉だ。アシスタントいじめするカメラマンが「もう田舎に帰りなさい」と言うようなものだ。

会社から帰るとテーブルにあったものが全部ぶち撒けられていて、手紙が置かれていた。それにはこう書かれていた。

「奥さんに払う慰謝料のことまで私が口を出したりするのは、なんてあさましいことでしょうと思いますが、言わなければあなたは自分の気持ちを軽くしたり、奥さんにこれ以上悪く思われたくない一心で、奥さんが要求すれば何でも出すのでしょう。末井さんの中に、自分のことを考える気持ちはないと思います。そのとき、あなたの頭の中は、奥さんと自分だけなのだと思います。そして、その人に悪く思われたくないだけ。

奥さんに対して罪悪感があって、それがほんとうに嫌なら、一生奥さんに安心して暮らしてもらいたいと思っているのでしたら、それは奥さんのところにもどることです。そうしたら奥さんは一番安心するでしょう。

末井さんにとって一番大切なことは、誰からもよく思われたい、特に自分のことを好きな女の人からは、ずっとそう思い続けられたいということです。そんなにそれが大切なら、そうやっていい顔して暮らして下さい。私は自分のやりたいことをやるために生きているし、それが基本なのです。自分がよりよく、何か価値のあることをやることを考えない人間にとっては、人の気持ちだけを考えて一生暮らすことになるのでしょう。それが壊れそうになるとなんでもして、あなたは自分を大切にするということがないと思います。だから、もし私があなたの子供を産んで家庭を持っても、自分すら大切にできない人が、自分の家庭を大切にするということもないと思います。

私が残念に思うのは、私があなたにとって「大切なものになる」こともなかったということです。何かを選ぶということは、他のすべてを選ばないということで、人から少々うらまれたりしたって、そんなことあたり前です。それが怖い人は「選ぶ」ことができない。あなたは私のことも結局選べなかったんじゃないでしょうか。

でも、末井さんの一千万なんてお金が、まるで一万円のように行動しているスケールが、人はおもしろいと思っているし、実際、末井さんのスゴさなのではないかと思います。だから、私が口を出すことじゃないし、末井さんは自分の思うようにすればいいのです。それが末井さんなのですから。

私は自分が人に言うべきじゃないことも言ったり、○○さんや○○さんのことを悪く言っている自分がとても嫌です。私は自分を見失っていくような気がします。口に出すべきじゃないことまでいっぱいしゃべったのです。あなたを信頼しようということが、ずっと私にとっての格闘でした。私はあなたを信じたかったのです。」

この手紙を読んで、美子ちゃんに見捨てられたと思いました。僕のことを信じたかったけど、一年近く経ってもまったく信じられないということです。妻のところに帰ろうとは思わなかったのですが、僕はまた出ていくことになるのかと、他人事のように思ったりしていました。結果的に出ていかなかったのですが、出ていったらたぶん美子ちゃんと別れていたと思います。

美子ちゃんの言っていることは、「あんたは人にいい顔したいだけ。特に自分のことを好きだと思ってくれる女の人にいい顔したいだけ」ということです。自分のことをそういうふうには思っていなかったのですが、考えてみればそうなのかもしれません。

子供のころ、父親が近所のオバサンたちに千円ずつ配っていたことを思い出しました。父親は働くことが嫌いでいつも貧乏だったのですが、たまにお金が入るとオバサンたちにモテようとしてお金を配っていました。そういう父親を、子供ながらに気持ち悪いと思っていましたが、自分も同じようなことをしているということです。

美子ちゃんといると、自分の欠点がどんどん晒されていくようで自己嫌悪に陥っていきますが、自分の欠点に気づくことが自分が変わるきっかけになります。

美子ちゃんの言っていることは、裏を返せば「私だけにいい顔しなさい」ということです。つまり「私だけを愛しなさい」ということです。千石さんは「男の栄光は一人の女を愛し切ることにある」と言っています。そのことに挑戦してみようと思ったのでした。

対談

恋愛と結婚と家族——植本一子さん

恋愛は暇でないとできない

末井 僕は二回結婚していて、前の結婚とあとの結婚ではぜんぜん違うんですよね。もちろん前のほうが、僕が嘘ばっかりついていて、よくなかったんですけど。でも、そういう夫婦っていっぱいいると思うんですよ。知っている人でも、奥さんに内緒で浮気してる人がいるし。ダンナのほうが勝手なことばかりしてるっていう。僕もそういうオヤジだったと思うんです。奥さんに本当のことを言ってしまうと、どんな面倒くさいことになるかわからないから言わないようにしていたんです。あと、長年一緒にいると情が湧いてくるから、別れるなんてお互い思ってないんです。だから本当のことは言わないし、言わないのが優しさだというふうに思い込んでいたんです。

植本 嘘はよくないんですよね。

末井 そう。嘘をついていると罪悪感が溜まってきて、自分がだんだん弱くなっていくんです。嘘をつかないで本音で暮らしていれば清々しいだろうなとは思うけど、一度嘘をつくともとに戻れなくなってしまって。植本さんの場合は、夫のECDさんに対して、嘘が最初からないんですよね。

植本 嘘はついちゃいけないっていうのが、幼少期にインプットされてるんです。田舎の小学校だったんですけど、一クラス男の子十人、女の子十人で、女の子の中で仲間外れが一人ずつ順番に回ってくるんですよ。私が標的になったとき、嘘をついて気を引こうとしたんですよ、小三のときぐらいかな。それでしょうもない嘘をついて、それがバレたときによけいに状況がひどくなったことがあるんです。信用されなくなっちゃって。嘘は本当によくないんだなということは、そのときに学びましたね。嘘はつくのもしんどいし、バレたときもしんどいっていうことが、すっごい染み込んでる。

末井 だから植本さんは、恋愛してもＥＣＤさんに「好きな人ができた」と言うわけですよね。それを受け入れるＥＣＤさんがすごいと思うんです。

植本 坪内（祐三）さんもすごかったですよねえ。なんか似てるなって。人としてすごいと思います。

――末井さんは神藏さん以前と以後で大きく変わったとおっしゃってましたけど、植本さんはＥＣＤさん以前と以後で変わったところはなんでしょう？

植本 変わったのは、石田さん（ＥＣＤさんの本名）がガンになってからなんですよ。それまでは、けっこう滅茶苦茶やってたんです。石田さんっていう土台ができただけで、私自身は変わらないっていうか。土台があるから、いつでもそこに戻ればいいみたいな感じだったんです。石田さんといて彼氏がいない時期って、そんなになかったんですよ。もともと石田さんと結婚するときも二股のままだったし。いまはほんとに誰もいなくて、誰にも目がいかなくて。かといって、石田さんがすごい好きってわけでもないんですけど。なんか、落ち着いたみたいな（笑）。

末井　付き合ってる人がいたなかで、石田さんと結婚しようということになった決定的なことはなんですか？

植本　二村ヒトシさんに言われたことがあるんです。「植本さんは動物的な勘がするどいよね」みたいなことを。それもあると思うんですけど、石田さんという土台をつくって、私は自由にしたいって思ってましたね。常に次、次、みたいな感じでしたねえ、恋愛は。ちょっとでもダメだと思ったら、次にいっちゃうみたいな。前に付き合ってたバツイチの人も言ってたんですけど、自分はふわふわしすぎるから、地べたにつなげてくれる人が必要で結婚したって。それ、すごいわかるよ、みたいな（笑）。土台ですよね。結局その人は、奥さんに不倫されて別れたんですけど。

末井　僕の場合は、家庭が土台にならなかったんでしょうねえ。僕も外では滅茶苦茶で、不倫やらギャンブルやら借金やらで、どんどんぐしゃぐしゃになっちゃうわけですよ。

――そのころの末井さんにとって、家庭ってどういうものだったんでしょうね。

末井　眠りに帰るところかなあ。僕が育った家庭は無茶苦茶だったんで、標準的な家庭というものがよくわからないんです。母親はダイナマイトで近所の若い男と心中してしまうし、父親は働くのが嫌いでひきこもりみたいに家でゴロゴロしているし。本当に情けない父親なんですよ。いつもグチばかり言うし、メソメソするし。あと、恋愛好きで近所のおばさんを口説いたり。そういう感じだったから、あまり家庭のようなものが築かれなかったんです。ホームドラマとか見ていても、全部嘘だと思っていましたね。だから自分が家庭を持っても、なかなか家庭が築けないというか、築こうともしないというか、どう築いたらいいのかもわからなかったんです。子供がいないというのもあって、お互いがお互いの世界を持ってるっていうふうになっちゃったんですよ。

植本　へえー。お互いがお互いの世界を持ってるけど、交わることがないみたいなことですか？

末井　そう。僕がいけないんですけど、自分が考えていることや、やってることを何も話さないんです。傲慢（ごうまん）ですけど、話してもわからないだろうと思っていました。もちろん、浮気してますなんて言ったら大変なことになるし（笑）。僕は、美子ちゃんと知り合ったころから女装が好きになったんですけど、女装が好きなんてことも言えないんです。前の奥さんはすごく普通の人で、普通って言うのも変だけど、常識人で、女装するために風呂場で脚の毛を剃っていたら、それを見て「気持ち悪い」って言われたりして。そのときは「仕事だから」って言ったんですけど、女装のことは言えなくなって、女装するときもコソコソするようになったんです。

――そうすると、だんだんコミュニケーションもなくなっていって……。

末井　話すことがないんです。家に帰らないときもあったし、帰っても遅い時間っていうのもあったから。わりと早く寝る人だったから、起こさないようにしてました。

植本　家を出たのは五十手前のときですよね。

末井　そうです。

植本　最初に結婚したのは？

末井　一緒に住み出したのは、二十一のときですね。

植本　えっ、じゃあ三十年くらいかけてだんだんって感じなんですか？　徐々に会話がなくなっていくというか。

末井　会話はあるんだけど、本当のことを話すってことは、最初のころからなかったですね。

向き合うことが最初からなかったかもしれない。

植本　最初から？　それは家に帰りたくもなくなりますね。

末井　でも楽なんですけどね。何も詮索されないし、気持ちが塞いでいるときは自分の部屋に閉じこもればいいいし。

　僕はもともと恋人ができるとは思ってなくて、偶然下宿で知り合って仲よくなったんで、これを逃したらあとがないっていう感じで（笑）。けっこう強引に一緒になった感じがしますね。そのころ相手には婚約者がいましたから。

植本　三十代は滅茶苦茶やってたんですよね。

末井　そうですね。二十代の前半は思想的なことがあって、頭がデザインと表現のほうにいってたんで、女の人にあまり関心がなかったんです。貧しかったし。

植本　私は、石田さんがガンになって、とにかく忙しくなっちゃったんです。本を出すことにもなったし。ほんとに恋愛どころじゃないっていうか。恋愛って暇じゃないとできなかったんだなあって思いました。

末井　そうかもしれない。暇じゃないとできないかもしれない。ぼくはかなり忙しいなかでやっていたから、いつも寝不足で、それでまた元気がなくなるんです。

植本　時間もそうだし、お金もそうだし、余裕がないとできないんだなあって。恋愛してたころは、子供のこととかほとんど石田さんに任せてたから、それで外に出られたっていうのもありますね。家で石田さんといても楽しくないと思ってたし、育児もしんどいし、そういうことで外に目が向くようになって、好きな人が現れてという。『かなわない』を書いたあとも付き合った人がいたんですけど、ぜんぜんうまくいかないんですよ。同じような恋愛の仕方だから。なんか、よくわかりましたね、いろんなことが（笑）。日記を通して自分と向き合うというか、自分のことがわかってくると、どうして恋愛に向かっていたのかっていうこともわかるようになって。なんでこんな人を好きになったんだろうとか、よくこんなエネルギーのいることをしてたなとか、これから先なかなかできないだろうなって思いますね。

末井 エネルギーは感じましたね、『かなわない』を読んで。僕なんかもう七十に近いから、ぜんぜん違うわけですよ、基礎体力っていうものが（笑）。『家族最後の日』もエネルギーを感じましたね。石田さんが病気になって、やらないといけないことがいっぱい増えたけど、クタクタになりながらもやってるんだから。

――『家族最後の日』に、石田さんと長く話すのが久し振りだったって書かれていましたけど、向き合ってない時間があっても土台は揺るがなかった？

植本 揺るがなかったっていうことに気づいたんですよねえ。石田さんが病気になる前は、いなくても平気だろうなって思ってたんですよ。だから離婚も考えてたし、自分が自由になれるんだったらって。その自由もちょっとはき違えてたというか、やっぱりいないと困る人なんです。

自分のことを書くこと

――植本さんも末井さんも、ご自分のことを題材に書かれているじゃないですか。それについてはどう思いますか？

植本 私、恥ずかしくないんですよ、書いてることは。恥ずかしいですか？

末井 恥ずかしいですね。だからたぶん、全部を書いてないと思うんですよね。自分の中で恥ずかしいなと思いながら、恥ずかしいけどまあ書いてもいいかって。そういう気持ちになると、次はその辺までは書いても大丈夫っていう。書きながら、少しずつ書ける範囲を広げてるんですよ。
　僕の場合、書くっていえば、自分のことしかないんです。ほかのことが書けないんですね。書いてもリアリティがまったくないんです。たとえば政治のことでも社会的なことでも、自分に一回取り込んで、自分のことにしてしまわないと書けないんです。

植本　同じくです。自分のことしか書けないし、そうでないとおもしろくないっていうか。この前、末井さんと『BRUTUS』の対談のあと、電車に乗るとき一緒になって話したんですけど、「内田樹さんの『困難な結婚』、おもしろかったですよねー」って言ったら、「おもしろかったけど、ハウツー本だよね」って言われて、「なるほど!」と思って。「自分のことは書いてないもん」って言われて、ああいうのをハウツー本って言うんだなって。

末井　哲学的でもないですし。結婚の本はだいたい損得のことしか書いてないですよ。

植本　私の場合、「よくここまで書けるね」って言われるんですけど、それがちょっとわからない。自分の中では平気なところまでを書いてるんです。

末井　それが一般的基準でいうと「恥ずかしい」っていうことなのかもしれない。

植本　そうなんですよ。

末井　だから、おもしろいんだよね、読者には(笑)。

植本　まあ、書けないことは絶対に書けないし。たとえば、セックスのこととか。書いてしまうと、自分が削れてしまう気がして。

末井　セックスの具体的なことは書けないよねえ。

植本　書けない。わりと表に出すことに関しては、無防備にはいかないようにしてますね。わざわざ傷つきたくないっていうか。だから、ほんとに平気な部分だけ出してるつもりなんですよ。彼氏のことも。でも、びっくりされることが多いんです。

末井　『かなわない』を読んだ方々っていうのは、女の人で、既婚者で、子供もいて、植本さんと同じようなことを思ってる人もいっぱいいると思うんです。そういう人の気持ちが、読んだあと変わるんじゃないかと思うんです。やりたいけどできない、やってはいけないという、やりたい気持ちを抑えていたタガが外れてしまうんですね。だから行動するってことじゃないですよ。意識が変わるっていうのがあると思うんですけどね。

植本　読んだ男の人から「これ、奥さんに読ませられない」って言われましたね。

末井　男にとって恐ろしい本なんですよ（笑）。時代の流れもどんどんそうなってるし、そういう意味では先取りしてるっていうか。

植本　離婚率が増えてるわけですよね。しかも、雑誌の統計なんか見ると、女性のほうが離婚したいというパーセンテージが高いし。『かなわない』は、それを加速させる効果があるんじゃないかと思ってます。みんな隠し持ってるんだなと思いますね。

何も怖いものがない

——末井さんは神藏さんから、恋愛したいって言われたことがあるんですよね。

末井　そうなんですよ。二〇〇六年に僕はガンになったんですけど、ガンが発覚する少し前に言われて。そのことが原因じゃないと思うんですけど、美子ちゃんは、自分のこともちょっとガンに関係してるんじゃないかって思ってたようです。

植本　思うかもしれませんね。

末井　それから少し変わったんですよ。退院して家に帰ると、いつもは散らかしっぱなしなのに、ものすごくきれいに部屋が整頓されているんですよ、何から何まで。きれいにしないと神様が助けてくれないとか、変なことを言い出して（笑）。あと、僕のほうに目が向くようになりました。

――植本さんがＥＣＤさんに、好きな人がいるって言ったとき、何かありました？

植本　『かなわない』に書いた通りですよ。言ったのも一回きりで。

末井　ＥＣＤさんはけっこうショックがあったんでしょうね。

植本　「そういうこと言い出す気がしたよ」とは言われましたけど。「離婚はしないよ」っていう感じでした。

――恋愛していたのは、一人でいると、不安になってしまうからだったんでしょうか。

植本　そうですねえ、ほんと自立してなかったというか。安田弘之先生とのカウンセリングで、だいぶ落ち着いたんですけど。身体を求められていないと、必要とされてないと思っちゃうような思考回路があったんです。

――他人に欲求（欲望）されることで自分が承認される、みたいな。

植本　そう。滅茶苦茶でしたねえ（笑）。

末井　その滅茶苦茶は書くんですか？

植本　いつかね。

末井　もうちょい時間が経たないとね。

植本　そうなんですよ。書くことはいっぱいありますね。今度『文藝（ぶんげい）』で連載が始まるんですけど、私、連載って苦手で、締め切りがあるたびに絶対間に合わないと思って、眠れなくなっちゃうと思うんですけど。連載って、一つのことをシリーズ化するっていう感じじゃないですか。それでテーマを考えたとき、私は元カレの遍歴しか書けるものがないなと思っちゃって（笑）。

末井　いいじゃないですか（笑）。

植本　だんだん過去のことからいまのことに近づいてくるから、苦痛だな〜と思って。末井さんが昔の話を書くのもしんどいだろうな〜って思うんですけど、書くことで楽になったりするんですか。

末井　書けたら楽になりますね。でも、苦しんでる当時には書けなかったから、いま思い出して書いてるって感じですね。

植本　そうですよね。

末井　恋愛遍歴のことで言うと、半年とか一年とか付き合って別れて、また別の人と付き合うというのはいいんですけど、僕は別れるということができなくて、だんだん増えていくんです。次の人がダブってくるわけですよ（笑）。最終的には三人になったのかな。

植本　三人同時進行。で、美子ちゃんでスパッと切ったんでしたっけ。

末井　そうなんです。付き合ってるみなさんに言えなかったことが、そのとき全部言えたんで。家を飛び出しているから、家庭を壊される恐怖がないっていうのがあって。美子ちゃんにはその人たちのことを言ってるから、怖いものがないわけですよ。それで、僕から頼むような感じで、こういう事情なんで別れてくださいってお願いして。そしたらみんな祝福してくれたんですよ。怒り狂うんじゃないかと思ってたんだけど、なんか向こうも僕と付き合うのがイヤだったんじゃないかっていう（笑）、そういう気持ちにもなりました。美子ちゃんと暮らしてからは恋愛はないですねえ。誘われたことはあるんですけど、きっぱり断りました。友達からは「変わったねぇ」って言われました。前だったら、来るものは拒まずでしたから。

植本　すごいきっちりしてますよね。千石さんの考えにのっとってるっていうか。

末井　まあ、千石さんたちのように詰めてはできないけど、ベースはあそこにあるんで。嘘が入ると関係が壊れるとか。

植本　私はそこまではないですけど、いま末井さんが言った「何も怖いものがない」感はありますねえ。

――いま、ですか？

植本　ずーっとです。石田さんに最初に「好きな人ができたから」って言ったときから。許されたわけじゃないと思うんですけど、言えた、伝えられた、なんとなくわかってもらえたと感じたときから、怖いものがないですね。だから世の中から何を言われても平気なんです。石田さんが基本ＯＫなんだからと。恋愛に限らず、仕事でもなんでもそうなんです。

末井　それは石田さんの性格的なこともあるんだろうけど、ベースにお互いが表現者であるというのはないですか？

植本　あるんでしょうね。まえ、石田さんを仏みたいな人だなあと思ってたんですよ、怒らないし。一回だけかなあ、怒られたのは。

末井　どんなときですか？

植本　すっごいステレオタイプなんですけど、上の子を産んだときにしんどすぎて、家から出られないし、子供は泣くし、石田さんは仕事に行くし、この状況に耐えられないってなって。それで隣の部屋に閉じこもって、しくしく泣いてたんですよ。そしたら石田さんは、「大丈夫？」とか声をかけてくれればいいのに、そういうこともせずに寝て。「向き合ってもらえない」とはそのときは思ってなかったと思うんですけど、「なんか違う！」って。それでしくしくしてたら、朝方に気づいたらしくて、「寒いから布団に入りなよ」みたいな感じで言われて。入ったんだけど、ブチ切れそうになって（笑）、「子供なんか産まなきゃよかった！」みたいなこと言って。なんか聞いたことあるセリフだなと思いつつ、言ってみよう、ぶつけてみようって思ったんですよ。そしたら、「そんなこと言わないの。そんなこと言ったら後悔するよ」って言われて。まあ、言いながら「なんて返ってくるかなあ」って考えたりしてたわけだから、本音じゃないんですけど。そのときに、私は子供じゃなくなったんだなって思って、ちょっと諦めたんですよね。「ちゃんとしなさい！」みたいな感じで。さとされた感じですかね。

――子供に『かなわない』や『家族最後の日』を読まれたら、どうします？

植本　反発はあると思うけど、いつかわかってくれるときがくると思うし。それはそれで、お母さんの人生なんだよっていうことで読んでもらえれば。

私が信じているのは、お母さんとお父さんが自分の人生を楽しんでいる姿を見せるのが一番だ、っていう。それを信じています。うちのお父さんとお母さんは、お父さんはそうでもないかもしれないけど、お母さんはずっと自分を犠牲にして生きてることを誰かのせいにし続けているっていう感じがして。それは不健康だと思うし、もう治らないとも思うし、諦めてるんですけど。子供とはいえ、別の人格なので、私は私の人生を楽しむし、あなたはあなたの人生を楽しむ権利がある。自分の娘たちには、あなたのことを応援しますっていう態度でいたいですね。

拡大家族

末井　僕は喧嘩がすごい苦手なんですよ。子供時代にうちの母親が浮気ばっかりしてたから、夫婦喧嘩が絶えなくて。火鉢が飛ぶような大喧嘩のあと母親が出ていっちゃって、それっきり帰らなかったんですけど。そういうのを見ていたので、喧嘩は生理的に苦手ですね。暴力は大丈夫なんですけど。

植本　ん？

末井　まあ、若いときは、怒りがガッと沸騰したら、相手を殴ったりっていうのはあったんですよ。

植本　奥さんを？

末井　いやいや、よく飲み屋とかであるじゃないですか。ああいう喧嘩です。でも、怒鳴り合うみたいな喧嘩はダメなんです、僕は言葉が出てこないから。何も言わずにいきなり手が出るみたいな。

喧嘩は苦手なんですけど、夫婦喧嘩するといいっていうのもわかってきて。けっこうこっちの人格が崩壊するようなことを言われるので、こっちもキレてそれまで言えなかったことを言ったりするようになりましたね。そうするとお互いに「えっ、そんなこと思ってたんだ」っていうことがあったり、言わないで我慢してることを言っちゃって楽になったり。結果的にストレス解消みたいになって、喧嘩も悪いものじゃないなと思ったりするようになりましたね。前の奥さんとはあんまりしなかったけど。

——向き合わないで言わないままでいると、溜まってきませんか？

植本　溜まりますよ。で、イライラするから無視したりとか、暴言吐いたりとか。「そこ、どいてよ」とか（笑）。だからイヤな感じだったと思いますよ。いまは向こうが弱ってるから、病院とかに行っても普通に会話できるし。

末井　弱ってるから？（笑）

植本　そう。たぶん弱ってるから。なんか元気な感じで、ぼーっと家にいられると、「どっか行かないかな」とかいうのはありますけど（笑）。ずっと一緒にいるのはキツいなっていう。誰とでもそうだと思いますけど。向こうもそうだと思うし。だから「家族」ですね。たぶん、末井さんはお母さんがほとんどいなかったから、家族像みたいなのを想像できなかったりするわけじゃないですか。うちは親同士が仲よくなかったっていうか、いつ離婚するんだろう、離婚したらどうなるんだろうって、心配になるぐらいイヤな感じで。

うちはお母さんが強くてお父さんが弱いっていう、そういう関係で成り立ってるんです。お母さんがずっとガミガミ言ってて、お父さんがしょんぼりしてるっていう。だから喧嘩にもならないし。夫婦って、どっちかが強かったらどっちかが弱くなるし、対等っていうのを見たことがないですね。

自分のお父さん、お母さんみたいになりたくないって思ってるのに、そっちに引っ張られちゃうっていうか。私が強くて、石田さんが弱いみたいな。イヤだなあって（笑）。そこでぼんやり考えるのは、石田さんにちゃんと紹介できるようないい人が現れたら、紹介してみんなで仲よくできたらとは思いますね。

末井 家を出ようと思ったとき、奥さんと三十年近く一緒にいると「情」が邪魔するんです。そのとき、みんなで一緒に住もうという発想もあったんです。もちろん実現はしなかったですけど。

植本 『家族最後の日』にも出てきましたけど、神田さんっていう、ライターでベビーシッターをやってくれる友達がいて、ぜんっぜん恋愛感情はないんですけど、本当にちょうどいいんですよ。便利っていうか。仕事できない人なんだけど、憎めないっていうか。悪いやつじゃないけど、別にすごくいいやつでもないっていう（笑）。

末井　子供さんがね、一緒に暮らすのかって言ってたっていう人ですね（笑）。

植本　そうそう、そういう話もあるんですけど、石田さんもわりと乗り気だったんですよ。誰か子供の世話をできる、在宅の仕事をしてる人がいいんじゃないとか言ってて。そういうのは、いつかできたらいいんじゃないかなと思うけど、やっぱり恋愛がからむとすごく難しくなるんですよね。子供の手前もあるし。私と石田さんはそれはそれでベストとして、そういうパートナーみたいな人が、違うかたちのベストの相手がたぶんいるはずなんですよ。
　お父さんとお母さんと二人で、夫婦で家族をつくるみたいなのは、しんどくなって無理があるんじゃないかって。なんか逃げ道をつくっておかないと、破綻したときに子供もかわいそうだし、難しいっていうか。家族を拡大したほうがいいんじゃないかなっていう。

末井　拡大家族（笑）。

植本　お母さんとは勝手に絶縁した気になってるから頼れないし。そんな血縁よりも仲のいい友達のほうが信用できたりするのは、なんなんだろうなあと思うし。

表現者同士の夫婦

末井　表現者として、一子さんは石田さんをどう見てるんですか。最初に『失点・イン・ザ・パーク』を読んで、石田さんのことを好きになったみたいなことを書いてましたよね。

植本　尊敬してますね、やっぱり。ラップより文章が先だったんですよ、石田さんを知ったのは。ほんとうに、こういう感情を文章で感じることができるんだって。感動ですよね。自分のことがさらけ出されていて、それに感動するということが初めてだったような気がします。そんなに本も読んでなかったんですけど。
　高校生のころに『世界の中心で愛を叫ぶ』がすごい流行（はや）って、一応読んだんですよ。みんな泣いたって書かれてたじゃないですか。泣けない自分ってなんなんだろうって。『失点・イン・ザ・パーク』は、そういうなかでしっくりきた表現だったんです。こういうことが文章にできるんだなと思ったんですよね、それがいまに続いている衝撃だったと思うんですよ。尊敬してて、尊敬してるってことだけで、いまも一緒にいられる気がしますね。やっぱ、表現者としては上の人ですよ。でも、ウザいなって思うこともある（笑）。いま、ふと思ったんですけど、美子ちゃんって感情的な人じゃないですか。末井さんもそれで喧嘩になるって言ってて。

末井　僕は短気なんで。

植本　でも、そこで怒ると、書けたりするじゃないですか。こんなことがあったみたいな、お互いの爆発みたいな。そこに何か物語が起きるっていうか。石田さんは怒らないから、書くことがないっていうか。自分からぶつけることもないし、自分の中で悶々としたことをただ書くっていうか。

末井　スポンジみたいに怒りの感情が吸い込まれるって感じなのかな。

植本　なんか話にならないっていうか。今回はガンが発覚したから、やっと書けたみたいなところがあって。向こうは、私のこともちょこちょこ書いてますし、ネタにされてんだろうなって思うんですけど。ネタにし合うみたいなところはありますよね。

末井　『たまもの』は僕のことを三分の一ぐらい

植本　書いてるし、この『結婚』も「裏たまもの」みたいなところがあるんですよね。

末井　許してもらえる、みたいな感じはありますよね。

植本　美子ちゃんは、この『結婚』をまだ一回も読んでないんですよ。

末井　えっ！（笑）

　「私が読まないほうがいいでしょう」みたいなことを言ってて。本になったら読むんでしょうけど。

植本　あっ、でもちょっとわかるかも。私も石田さんの本、読みたくないかも。ちょっと怖い。どう書かれているか。

末井　いまECDさんは書いてるんですか？

植本　いま書いてます。

末井　楽しみですね（笑）。

植本　同じことを書いてても違うし、どう見られてるんだろうっていうのは、書かれて初めて知るみたいな。太田出版の担当編集さんから、「僕が、石田さんが植本さんについて書いた記述のなかで一番好きなところがここです！」って言われたのが、「身体を残したまま顔だけ走ってくる」っていう、私の走り方の描写なんです。「なんだよ、それ！」と思って（笑）。昔の本だから、書かれてたのを忘れてたんですけど、編集さんが「言い得て妙ですよ」って。

末井　表現としてはすごいですよね。「顔だけ走ってくる」って（笑）。

植本　すごい恥ずかしくて！　走り方が変なんですよ。バタバタ走って。だから走り方の練習をしました（笑）。首を引いて、前に出ないように。

末井　あっ、単なる走り方の表現なんだ。もうちょっと比喩的なこともあるのかと思った（笑）。

植本　いや、どうなんでしょう。もう恥ずかしくって。

――ＥＣＤさんが植本さんのことを書いたのを読んで、そのあと、ＥＣＤさんとそれについて話したりするんですか？

植本 いや、しないし読まない。これから先は読みたくないなって。昔は読んでたんですよ。三角関係の話とか書かれてたときはおもしろく読んでたんですけど、いまはちょっと勇気がいる。ちょっとだけうしろめたいっていう感じがあって。嘘はついてないけど、嘘をつかない代わりに、「出かけてくるね」って言って、夜になっても帰らなかったりしたことがあったから。気づいてるはずなんだけど。気づいてるのかなあ、気づいてないのかなあ、ってぐらい喋ってないからわからない。喋ってないっていうか、何も言ってこないから、どう考えてどう書かれるのかわからないから怖いですね。終わったこととはいえ（笑）。

――末井さんは、神藏さんの『たまもの』や『たまきはる』を読んで、思ったりすることはあるんですか？

末井 まあ、あのまんまなんで。イヤだなとかいうのはないんですけど。

――一般人の感覚からすると、恥ずかしいというか、あまりオープンにしてほしくないことが書かれてるように読めちゃうんですけど。

末井 僕が本のレイアウトをしてたから、制作途中ですでに読んでるんです。『たまもの』を読んで、あの当時の美子ちゃんは、ああいうふうに感じてたんだなってことを再認識しましたね。僕は美子ちゃんにとっては異物だったわけですよ。それまで、坪内さんと同じビューポイントにいたっていうか、二人とも世田谷育ちで、同じことを知ってて。坪内さんのほうが物識りだから、いろんなことを教えてもらって。二人でそこから世間を眺めるっていうか。坪内さんも働いてなかったし、二人でいる時間も多かったただろうし。そこで僕と付き合うようになって、山から出てきた原人のようなよくわからない人間と住むことになったわけだから、それは不安になりますよね。僕に「守りがなかった」って美子ちゃんが書いてたけど、確かにそうなんですよ。人から「お金貸して」って言われたら、どんどん貸すし。女の人も来るものは拒まず付き合っちゃうっていうのがあったんで。守りってものがないと言われました。

植本　二人の？

末井　家庭というものの守りっていうか。つくれ、とは言われなかったけど、普通はそれがあるもんだみたいなことを言われました。

植本　じゃあ、美子ちゃんは坪内さんと二人で守っていたのを末井さんに移したっていうことなんですか？

末井　共通認識っていうことが、僕とはできなかったんじゃないですか。でも喧嘩したりしているうちにだんだん混ざり合って、千石さんに二人で会いに行ったりしていたこともあって、だんだん同じように考えるという部分が多くなったと思います。僕もずいぶん変わったし。

美子ちゃんは、家族っていうものをつくりたかったんだと思うんですけど、一緒に住み始めた時点では、まったくつくれなかったっていうこともあって、不安だったと思います。僕がむっつりしてるし、落ち込んでるし。休みの日に「今日何してたの？」なんて聞かれても、黙っていたし。本当はパチンコしてたんだけど、「パチンコしてました」って言うのもイヤだなあと思って。

植本　言えない。

末井　あまり喋らなかったたっていうのが、不気味だったと思うんですよ。

――ＥＣＤさんもほとんど喋らない、ということでしたけど。

植本 なんかね、我々はお互いのプライベートに興味があまりなくて。だから喋ることもないっていうか。

末井 家族のなかにプライベートがあるってことなんですね。

植本 子供がいるから、子供を介した会話だけはするみたいな。

末井 うちは猫を通して会話するので、それと似てますね（笑）。

植本 あんまりグチとかも言わない人だから。でも、ガンの原因の一つでもある、前の職場の上司とうまくいってないっていうのを、たまにボソッとグチるんですよ。あの人がグチるっていうのは相当なことなんですよ。何度も「辞めれば？」って言ってたぐらいなんですけど。それくらいですよ。何も聞いてこないし、何も聞かない。会話はしないです。でも、会話があったほうがいいですよね。

末井 うちは会話がないのはあり得ないというか、美子ちゃんは思っていることを丸出しなんです。だから疲れることもあります。僕はもともと喋らないのが普通だったから。でも、美子ちゃんのおかげで、僕もよく喋るようになったんです。前は人前で喋るなんてできなかったですから。

植本 いや、いいと思う。会話ないのはきついですよ。

末井 うちは喋りっぱなしですよ。僕が本を読んでても喋ってくるから、同じところを何回も読み直したり（笑）。こっちのことはおかまいなしですから。

植本 私も、タイプは美子ちゃんと同じかもしれない。喋りたいんですよ。だけど喋れないから、諦めました。だから、たぶんほかに目がいってたし。夫婦間にセックスがないのもずっと気になってて。それもあって、ほかにいってたという気もするんですよ。でも最近、別になんとも思わなくなったし、性欲もほんとなくなっちゃって。友達と遊んでるだけでいいや、というふうに落ち着きましたね。

末井 すごい落ち着きましたね（笑）。

植本 ほんと、そうなんですよー（笑）。

末井 僕もそういう状態になってますけど、僕の場合はただ年老いたというだけで（笑）。

植本一子　うえもと・いちこ

一九八四年広島県生まれ。写真家・文筆家。二〇〇三年にキヤノン写真新世紀で荒木経惟氏より優秀賞を受賞、写真家としてのキャリアをスタートさせる。広告、雑誌などの撮影で幅広く活躍中。二〇〇八年、二十四歳上のラッパーＥＣＤと結婚。二女の母。著書に『家族最後の日』『かなわない』『働けＥＣＤ――わたしの育児混沌記』がある。

ホームページ　http://ichikouemoto.com/

結婚と経済

僕の中には、金持ちになりたい自分と、金持ちを軽蔑する自分がいて、その二人の自分がずっとせめぎ合っていました。どちらにしても、お金にこだわっていたということです。

僕が生まれたのは岡山県の山奥で、ということは前に書きましたが、とにかく山奥で、子供のころはイノシシが獲れると村中に半鐘(はんしょう)が鳴り響き、それを合図に鍋や皿を持った村人がゾロゾロ河原に集まってきて、太鼓がドンドコドンドコ鳴り始め(これは嘘)、イノシシを獲った人が肉をさばいて均等にみんなに分けていました。そういう原始共産社会みたいなところで育ったので、貧富の差とか考えたことがありませんでした。

お金というものも、子供のころは見たことがありません。たとえお金があったとしても、町まで出なければ使うところがないので、村ではお金が必要なかったのかもしれません。たまに食品を売る移動マーケットが来ていましたが、みんな米で買っていました。まるで江戸時代のような話ですが、米がまだ貨幣として通用していたのです。

ところがそういう田舎にも、田んぼや山林などの財産をたくさん持っている家と、わずかな畑しかない家があって、貧富の差というものがあることが、子供心にもだんだんわかってきました。わが家は、肺結核だった母親の治療費や、退院したあとの母親の贅沢や、働くのが嫌いだった父親のせいで、田んぼは全部売ってしまい、わずかな畑しか残っていませんでした。

田んぼを売るといっても誰でも買ってくれるわけではなく、結局は村で一番の金持ちに頼むことになります。そして、弱みに付け込まれて買いたたかれ、わずかなお金で手放すことになります。

母親が亡くなって何年かして、父親は再婚しました。僕が高校に入ったころ、父親は川崎に出稼ぎに行っていたので、田舎では僕と弟と義母の三人暮らしでしたが、僕が高校を卒業してから一年ほど経って、義母は川崎の父親が住んでいるアパートへ行き、弟は町へ出て下宿することになったので、村を離れることになりました。そのとき、家と敷地と畑と裏山、それにオートバイまで付けて、三万円でその金持ちに売ったと聞きました。一九七〇年ごろのことですが、ずいぶん買いたたかれたものだと思います。

僕は子供のころから、偉そうにしているその金持ちオヤジが大嫌いでした。そのオヤジのせいで、金持ちは性格が悪いものだという固定観念ができてしまいました。

　そういう子供のときに植えつけられた考えはずっと残るもので、いまも金持ちは嫌いだし、お金は必要以上に持たないほうがいいと思っています。聖書にも「金持ちが神の国に入るよりも、らくだが針の穴を通る方がまだ易しい」（マルコによる福音書一〇章二五節）というイエスの言葉があります。この聖句を知ったとき、「やっぱりね」と思いました。

　一方、家が貧乏でいつもお金に不自由していたので、村のみんなからバカにされ、父親が「金があればなぁ……」と情けない声でよく言っていたこともあって、金持ちになってみんなを見返してやりたい気持ちもありました。

　バブル経済のころ、不動産を買いまくったりしたのも、一気に金持ちになろうと思ったからです。その結果、三億円以上の借金をつくり、半ばやけっぱちになって、高レートのギャンブルばかりやるようになりました。ギャンブルで借金を返そうと思っていたのですが、気が狂っていたとしか思えません。ギャンブルでボロボロになって、「お前が嫌いな守銭奴にならなくてよかったじゃないか」ともう一人の自分に言われて、そう思い込むようにしていました。

　昔から、人からお金を貸してほしいと言われたら、たいていは貸していました。そして、たいていは返してもらえませんでした。自分は金の亡者になりたくない、お金がある人がない人に貸すのは当然のことだと思いながらも、どうせ返ってこないだろうと思うと貸したくなくなります。それでも断れなくてしぶしぶ貸していました。困っているから貸すとか、あるいはお金は絶対貸さないとか、はっきりした態度が取れないのです。

美子ちゃんは「自分がいい顔したかっただけなんじゃない？」と言います。そう言われるとムキになって「相手が困ってたんだから仕方がないでしょ」と善人ぶったことを言うのですが、本当は美子ちゃんの言う通りかもしれません。お金に対して、自分がどういうスタンスで対応していいのかよくわからないのです。

美子ちゃんはお金に関して無頓着です。驚いたことに、生まれてこのかた、お金を稼ぐために働いたことが一年半しかないそうです。親がお金持ちだったわけでもないので、金銭的にどうやって暮らしてきたのか不思議です。

わが家の家計の仕組みは、美子ちゃんは働く気はまったくないので、お金を稼ぐのは僕の役目です。税金やら光熱費やら電話代やら保険料やら、毎月請求されるものを払うのも全部僕です。税法上はお互い自営業となるので確定申告をしているのですが、そのための領収書の整理をするのも僕です。

美子ちゃんは僕名義のキャッシュカードを持っていて、食材を買ったり遊びに行ったりするお金は、そこから下ろします。洋服やらカメラやら値段が高いものを買うときはクレジットカードを使いますが、それも僕名義の口座から引き落とされます。

僕は月に一回、その口座の残高を確認し、足りなければ必要と思われる額を入金しておきます。

美子ちゃんはときどき、やたら高い洋服やら靴を買うことがあります。そういうとき、あらかじめ「欲しい靴があるんだけど」とか僕に言うのですが、美子ちゃんは欲しいものがあると絶対諦めないことを知っているので、しぶしぶ「いいよ」と言ってしまいます。月に一回の残高確認のとき、グッチの靴の値段が十三万円だったりすると、たとえが悪いのですが、泥棒に遭(あ)ったような気持ちになります。「もったいない」とか「ブランドに騙されている」とか思うのですが、そういうケチくさいことを思う自分が嫌になります。

高級ブランドであろうがなんであろうが、美子ちゃんが欲しいと思うものがあるということはいいことなのです。それを買えば美子ちゃんは確実に気分がよくなるわけですから。欲しいのに僕に気を遣って買わなかったり、あるいは欲しいと思うものがなくなるより、どれだけいいかわかりません。

そう思うものの、「靴に十三万円はないだろう」と思ってしまう自分もいるのです。結婚生活は、そういう自分の嫌なところや、（いいところも悪いところも含めて）自分が気がつかなかったことが、どんどんあばかれていくことでもあります。自分はこんなにキレやすかったのかとか、自分はこんなにプライドとコンプレックスが強い人間だったのかとか、自分はこんなにケチだったのかとか。

でも、そういうふうに自分の実体がわかると、自分が変わるきっかけになります。お金のことも、本当はお金が好きなのにそういう自分が嫌だから、お金に無頓着なように自分をカモフラージュしてしまうのです。それがわかってからは、ごく自然にお金に接することができるようになりました。

お金のことで美子ちゃんと約束していることは、ギャンブルや投資をやらないこと、それと人にお金を貸すときは美子ちゃんに必ず相談することです。ギャンブルに関しては、美子ちゃんと暮らすようになってから一切やっていません。せいぜいパチンコをしたり、友達と麻雀したりするぐらいです。

僕は出版社の取締役をしていたので、定年はありませんでした。

毎日机に座っているだけで、仕事といえば会議に出席するぐらいなものです。楽と言えば楽なのですが、机に座っているだけのほうが、編集の実務をしていたときよりストレスが溜まります。さらに出版不況も絡んで、社員をリストラしなくてはならない状況になって、それを本人に言うのは僕の役目でした。

お金がなくなる不安は僕にもあります。リストラされれば収入がなくなるわけですから、それを宣告するのは精神的に相当きつい仕事でした。家に帰って美子ちゃんにグチを言うと、一言「辞めてしまえば？」と言うのです。僕は「えっ？」と思いました。お金を稼ぐためにそういう苦労をしているのだから、「たいへんだね」とか言って慰めてほしかったのですが、一言「辞めてしまえば？」です。

僕が会社を辞めてしまえば、当然ながら収入はなくなり、買いたいものも買えなくなります。でも、そんなことは、考えないのです。僕がストレスを感じていることを取り除くことのほうが、美子ちゃんにとっては重要なことなのです。あるいは、毎日僕からグチを聞かされるのはまっぴらだと思っていたのかもしれません。いずれにしても、経済のことは二の次です。

会社を辞めたいと思ったことは、それまでにも何回かありました。しかし、どうしても踏み留まってしまうのは、収入がなくなるという不安からでした。だから、いつもお金のために魂を売っているような気持ち悪さがありました。

ところが五年ほど前に会社で不祥事があって、辞めるのはいまがチャンスだと思いました。その気持ちを後押ししてくれたのが、以前美子ちゃんが言った「辞めてしまえば？」という言葉でした。美子ちゃんがお金に無頓着だからこそ、会社を辞めることができたわけです。

退社するとき、みんなが送別会をしてくれたのですが、挨拶で「会社を辞めたら、美子ちゃんをもっとしあわせにします!」と言いました。若干ウケ狙いはあったものの、それは僕の本当の気持ちでした。

夫婦というものは一緒にいる時間が大切です。僕ぐらいの年齢の人の中には、家にいて女房と顔を突き合わせているより、会社に行って仕事をしたほうがマシだという人もいますが、そういう夫婦は、一緒にいる意味がよくわかりません。

結婚生活を営むには、誰かがお金を稼がないといけないのですが、お金が一番だと思うと夫婦の関係もゆがんできます。奥さんに「誰が食わせてると思ってるんだ」と怒鳴ったりして、離婚訴訟を起こされた人を知っていますが、その人は結局離婚して、子供にも会わせてもらえなくなりました。お金を稼ぐことは役割であって、そのことが偉いわけではありません。相手のしあわせを考えることが偉いことなのです。

僕が会社を辞めたら、美子ちゃんは「家に悪魔が入ってこなくなった」と言って喜んでいました。悪魔だけでなくお金も入ってこなくなりましたが、ストレスや不安から解放されて毎日が楽しくなりました。それもみな、お金に無頓着な美子ちゃんのおかげだと思っています。

パーセントと、病院側が数字のことばかり言うことに、人間性のなさを感じたとも美子ちゃんは言っていました。

美子ちゃんが「もう子供はいなくていい」と言うようになって、正直、僕はホッとしたのでした。

不妊治療をやめて変わったことは、僕が種馬から普通の人間に戻り、普通の性生活ができるようになったことぐらいです。もともと子供に執着していたわけではないので、落ち込むこともありませんでした。美子ちゃんも不妊治療モードのときはそのことに執着していたのですが、それがどれほど大変なことかがわかり、子供をつくることに妄執する怖さも知ったので、憑物（つきもの）が落ちるように不妊治療前の美子ちゃんに戻りました。

僕は子供が欲しいから美子ちゃんと結婚したわけではなく、美子ちゃんもそれは同じです。子供が生まれたら二人の生活も変わっていたかもしれませんが、逆に年を取っても昔のままでいられるのは、子供がいなかったからだとも言えます。子供がいなかったからこそ、お互い真剣に向き合うことができたのかもしれません。そして、喧嘩をしたり慰め合ったり励まし合ったりしながら、二人の結びつきがだんだん強くなっていったと思うのです。

カメレオンマン

美子ちゃんは、僕と付き合いだしたころ、僕のことをあてどなく夜の町を一人トットットッとさまよい歩いているはぐれ犬のような感じだったと、著書『たまもの』に書いています。

前にも書きましたが、そのころの僕は、銀行からの借金が三億円以上あり、それを競馬で返済しようと、土日は朝から競馬場に通っていました。最初の三ヵ月ぐらいは調子よく勝っていたのですが、美子ちゃんと付き合う少し前からまったく勝てなくなり、心がすさんでいました。

ギャンブル依存症のようになったのはそれよりもだいぶ前で、夕方になるといつもソワソワするようになり、麻雀の誘いの電話があるとウキウキし、誘いがないときはたいてい一人で地下カジノに行っていました。真っすぐ家に帰ることはほとんどなかったので、美子ちゃんはそんな僕を、やさぐれたはぐれ犬のように思っていたのかもしれません。

渋谷のラブホテルに二人でいたとき、美子ちゃんが「家族になりたい」と言ったことがありました。もともと家族や家庭というものと縁が薄かったので、家族と言われてもそれがどういうことなのかわからなくて黙っていました。

僕が四歳か五歳のころ、母親が肺結核で町の病院に入院し、僕と弟は別々の親戚にあずけられていました。

僕があずけられたのは、母親の従姉妹(いとこ)に当たる人が嫁に行った先で、食べ盛りの子供が五人もいる貧しい家でした。子供だから遠慮ということを知っていたわけでもないのですが、食事のとき、なんとなく二杯目の茶碗が出しづらい雰囲気を感じ取っていました。オネショをしたときは、誰にも言わずこっそり自分で布団を干していました。

その家の子供たちは、長男が中学を出て山で働き、その下の三人は小学校に行っていたので、昼間家にいたのは僕より一つ年下の女の子だけでした。その女の子とよく布団の中に入って、お互いのパンツの中に手を入れたりして遊んでいたのですが、そういうところを見られていたからなのか、それとも僕の世話をするのが面倒だったからなのか、しばらくして小学校に入学させられました。入学といっても、まだ小学校に入る前だったので闇の入学です。山奥なので幼稚園がなかったから、幼稚園代わりとして、小学校が特別に僕をあずかってくれたのかもしれません。一年生のクラスの一番うしろに席をつくってもらい、一日そこに座って授業を見ていました。

　僕が正式に小学校一年生になったとき、母親が退院してきました。それと同時に、僕も弟も家に連れ戻され、母親と一緒に暮らすことになりましたが、それもつかの間で、退院してから一年も経たないうちに、母親は近所の男とダイナマイトで心中してしまいます。

　そういう子供時代を過ごしたので、家族とはどういうものなのかがよくわかりませんでした。テレビでしあわせそうな家族が出てくるホームドラマを見ても、現実にそういう家庭はあるはずがないと思っていました。

　高校を出るまでは、親戚付き合いもなく友達もいなかったので、他人の家庭にお邪魔することはなかったのですが、社会に出てからは、職場の人の家に呼ばれることもあって、それがすごく苦手でした。気心が知れた特別な人間関係の中に、僕というよそ者が侵入したみたいで、その侵入者を家族に観察されているような居心地の悪さがありました。あと、子供が苦手なので、子供のいる家に行くのが嫌でした。

　そういう僕ですから、結婚しても家庭らしい家庭は築けませんでした。子供もつくらなかったし、妻には嘘ばかりついていたし、家に帰らないことも多かったので、妻から「あんたは家庭を持つような人じゃない」と言われたこともありました。

　一方、美子ちゃんは、お父さん、お母さん、お兄さんの四人家族で、両親からかわいがられてすくすく育ちました。

お父さんは映画の録音技師の仕事をしていて、美子ちゃんが私立の大学に入学が決まったとき、いろんな映画やテレビドラマの現場に出かけて入学金を稼いでくれたことや、洋裁ができてセンスもいいお母さんが、美子ちゃんの着る洋服をいつもつくってくれていたといった話を聞くたびに、僕が昔あり得ないと思っていたテレビのホームドラマのような家庭が本当にあるんだと思いました。

美子ちゃんは、坪内さんのところを出て僕と暮らしていることを、家族に話していませんでした。それどころではないくらいに作品づくりが忙しかったし、僕との関係もごたごたしていたからです。

僕たちが一緒に住みだして一年ほど経ったころ、『噂の真相』というスキャンダル雑誌に僕たちのことが載りました。会社の会長をしているお兄さんに、社員の誰かがそれを見せたらしく、美子ちゃんがお兄さんに呼び出されて事情を聞かれるということがありました。

そのあと、お兄さん夫妻に食事に誘われ、僕は採用試験の面接を受けるような気持ちで美子ちゃんと行きました。最初は四人ともやや緊張気味でしたが、話していくうちになごやかな雰囲気になったので、なんとなく自分が受け入れられたような気持ちになりました。

両親にはいずれ二人で説明に行くので、それまで内緒にしてもらうように話しました。

僕は、家庭や家族というものが苦手なこともあって、前の妻と結婚したときも、妻の両親には電話で挨拶しただけでした。貧乏だったので婚姻届を区役所に出しただけで、結婚式もしていません。

それでもいつかは、向こうの両親に挨拶しに行かなければいけないとは思っていましたが、それはもう少し生活が豊かになってからにしようと思っていました。

ところがあるとき、妻のお父さんがアパートに来ることになったのです。たまたま東京に出てきたので、娘のところに寄ってみようということになったようです。

さぁ、大変です。僕らが住んでいるのは六畳一間の狭いアパートです。お父さんが泊まるにしても、寝る場所もありません。しかもまずいことに、その六畳間で僕は内職をしていたのでした。

勤めていたキャバレーを辞めて、妻に働かせ、僕は毎日アパートでごろごろしていたのですが、働かないといけないとは思っていました。しかし会社に勤める気はなかったので、新聞の求人欄で自宅でできる仕事を探しました。そして見つけたのが、飾り物をつくる仕事でした。ガラス板にクラシックカーや虎などの絵を描き、裏から金箔を貼って仕上げる内職仕事です。

その作業をやっているときに、お父さんが現れました。本当は内職の現場をお父さんに見せたくなかったのですが、納品する日が決まっていたので、手を休めることもできず、お父さんに挨拶しただけでまた内職を始めました。

妻は食事の支度をし、お父さんは僕が内職をしているのをじっと見ています。初めて会う娘婿が何やら内職のようなことをやっているが、こんなことで生活は大丈夫なのだろうかと、お父さんは不安になったのではないかと思います。だいぶ経って、たまりかねたように、「それは一枚いくらになるのか？」と聞かれました。確か一枚二千円ぐらいだったと思いますが、そんなことしかできない自分が情けなくなりました。

それから二年も経たないうちに、お父さんは事故で亡くなりました。悔やんでも仕方がないことですが、もう少しちゃんとした生活をお父さんに見せたかったと思いました。

美子ちゃんから「両親に会ってほしい」と言われたのは、お兄さんたちと食事をしたすぐあとだったと思います。そのとき、アパートに前の奥さんのお父さんが現れたときのことを思い出し、なんだか自分がまた情けない気持ちになるような気がしました。

美子ちゃんは、お父さんに大変かわいがられていたそうです。そのかわいい娘の新しい男が、借金まみれの五十のオヤジだと知ったら、お父さんはどう思うでしょうか。それに、家族というものに慣れていないのでギクシャクするかもしれません。いろいろ不安が広がります。

美子ちゃんは、いきなり婚約者として僕を紹介すると、両親は度肝(どぎも)を抜かれてしまうかもしれないから、お世話になっている出版社の人を紹介するというかたちで、徐々に僕のことを話していくと言います。

松の内が終わって少し経ったころ、美子ちゃんの両親が暮らすマンションを夕暮れどきに二人で訪ねました。美子ちゃんは、前もって出版社の人を連れていくと両親に話していたので、玄関のブザーを押すとお父さんがニコニコしながら出てきて、「どうぞ、どうぞ」と奥に通されました。丸いダイニングテーブルに食事の用意がされていて、最初にビールが出てきました。

僕の隣にお父さんが座り、映画の話や出版の話をしました。お父さんはお酒が好きなようで、「じゃあ、日本酒にしますか?」と言って、冷やの日本酒を持ってきました。それを飲みながら、お父さんから「結婚されてるんですか?」と聞かれたので、すでに離婚手続きが終わっていたから、「いや、独身です」と言いました。するとお父さんが、「ずっとお一人ですか?」と聞くので、「いや、最近離婚しまして」と言ったあと、お酒の勢いもあって「それで、美子さんと結婚しようと思ってるんです」と言ってしまいました。

一瞬、場がシーンとなったので、この話を持ち出すのは早かったかなと反省しました。美子ちゃんは困った顔で僕を見ています。

少し間があって、お父さんもお母さんも急に笑い出しました。おそらく、冗談だと思ったのではないかと思います。ところが、僕らが笑っていないのを見て、お母さんが真面目な顔になり、「それはどういうことですか?」と聞きました。美子ちゃんが、坪内さんと別れたことを話し始めると、お母さんの顔が青ざめてきて、全身が小刻みに震え出しました。美子ちゃんは泣き出し、お父さんはお酒のピッチがものすごく早くなりました。僕は震えているお母さんが心配だったのですが、どうしたらいいのかわからなくてまごまごしていました。

会話がどんどん少なくなり、急ピッチで飲んでいたお父さんが、真面目な顔で僕を見つめ、僕の耳元で「〇〇〇〇したのか?」と言いました。思わず頭の中でズッコケそうになりましたが、お父さんの目があまりにも真剣だったので、小さな声で「はい」と答えました。お父さんは少し笑顔になり、「それで、具合はよかった?」と聞くので、また「はい」と答えました。

お父さんがぐでんぐでんに酔っ払ってしまったので、詳しいことは後日話すということにして、僕たちは帰ることにしました。翌日美子ちゃんが事情を説明すると、二人とも僕のことを「いい人なんじゃないの？」と言ってくれたそうです。ずいぶんものわかりのいい両親で安心しました（というか、美子ちゃんが何かを決めたら、何を言っても聞き入れないことをよく知っているからかもしれません）。

こうして僕は、神藏家の家族に入れてもらうことになったのでした。それから、僕たちは両親のマンションのすぐ近くに引っ越して、ちょくちょく遊びに行ったり僕らの部屋に来てもらったりするようになりました。お父さんは外見や学歴などで人を判断するような人ではなかったので、五十のオヤジに思われるとか思っていたことが逆に恥ずかしくなりました。一緒に旅行に行ったり、毎年競輪グランプリに行ったり、二人して負けたあと飲みに行ったり、楽しくお付き合いさせてもらいました。

僕の父親は、義母が亡くなったあと岡山の町営住宅で一人で暮らしていたのですが、僕はほとんど会うことはありませんでした。寂しいのか、父親から帰って来いという手紙がよく届きましたが無視していました。

弟は某カツラメーカーの支店長をしていて、地方都市を家族と一緒に何年かおきに移動していました。弟とは仲がいいのですが、会うのは十年に一回ぐらいなもので、家族が揃ったのは義母が亡くなったときと、父親が亡くなったときでした。

父親は、一筋太郎の「浪曲子守唄」を歌いながら死んだそうです。「NHKのど自慢」の予選に受かったので、風呂に入ったときに練習していたようです。一番は聞こえたけど、二番は聞こえなかったと、町営住宅の隣の人が言っていました。

父親が亡くなったときは、父親らしい能天気な死に方だと言って弟と笑っていましたが、美子ちゃんのお父さんが亡くなったときは、悲しくて涙が止まりませんでした。

僕の好きな、ウディ・アレンの『カメレオンマン』（一九八三年）というコメディー映画があります。カメレオンのようにどんな人種にも変身してしまう特異体質のレナード・ゼリグ（ウディ・アレン）という男の物語です。映画の中でゼリグになぜそうなってしまうのか聞くと、安全を守るためと好かれるためだと言います。ウディ・アレン自身がユダヤ人ということもあり、生きていくためにいろんな民族に溶け込まなくてはならなかったユダヤ人に対する皮肉と尊敬を込めた映画だと思います。

この映画を観てから、自分もカメレオンマンではないかと思うことがありました。家庭は崩壊し、戻るところもなく、工場で働いたり、キャバレーでチラシをつくったり、雑誌の編集者になったり、そのときそのときで周りに順応同化し、自分もそれにつれてどんどん変わってきたように思います。

美子ちゃんと出会うまでは、家族や家庭というものを毛嫌いしていたのに、いつの間にか美子ちゃんの家族に溶け込み、「家族っていいなあ」と思っている自分がいるのです。家族みんなで撮った写真の中でニコニコしている自分を見ると、カメレオンマンを見ているみたいで思わず笑ってしまいます。

僕がはぐれ犬だったときに、美子ちゃんが言った「家族になりたい」とは、結婚しようということだったんだとやっと気がつきました。結婚は、他人同士が家族になることによって、新しい関係が築かれていくことでもあります。美子ちゃんと結婚して、初めてそのことを知りました。

不妊治療

家の前が保育園なので、子供の声で目が覚めることがたびたびあるのですが、子供たちの声を聞くと、僕たち夫婦は子供を育てることなしに終わるんだなと思うことがあります。それは寂しいということも若干はありますが、それよりも子供という存在と深く関わることなく一生を終えることが、ちょっと残念に思うのです。

子供のあの尋常でない歓喜の叫びはどこから湧き出してくるのか。千石剛賢さんが言っていた「子供は怖いですよ。ちょっとでもこちらに虚偽性があると、子供は霊的に感じるんです。反応が違ってくるんです」ということはどういうことなのか。ほかにも子供だけが持つ特性がいろいろあると思うのですが、子供がいない限りそういうことを実感として受け取ることができません。

子供は親の鏡だとも言われています。親の言動や精神状態がそのまま子供に反映されるということですが、それを考えると子供を育てることは怖いことでもあります。子供がいたらいいかもしれないと思う反面、子供が関与した事件が起こるたびに、子供がいなくてよかったと思ったりもするのです。

一昨年（二〇一五年）に起こった川崎市中一男子生徒殺害事件は、真夜中に川崎区港町の多摩川河川敷で、中一の少年が複数の少年に遊び半分に殺害されました。

僕は昔、川崎の工場で働いていたことがあるので、興味本位で殺害現場である工場裏の河川敷に行ってみたりしました。地獄の門のような彫刻がほどこされた水門のそばの土手から、少年が殺害されたアシの原っぱを見ながら、真夜中にこんなところに来て遊んでいる子供たちの親は、いったいどんな人たちなんだろうと、あれこれ想像を巡らしていました。

子供を持たない身でこんなことを言っても説得力はないと思いますが、子供を育てることは一人の人間をつくることですから、それこそ命がけでそのことに取り組まないといけないのではないかと思います。やたらに愛情を注ぎ込めばいいというものではなく、その子の未来まで視野に入れて真剣に考えるということです。

未来まで視野に入れるといっても、将来自分の子供を一流の企業人にするとか、政治家にするとか、芸能人にするとか、そういう枷（かせ）を子供にかけることではありません。それは単なる親のエゴです。そうではなく、子供が人間的にどのように向上していくかを考えることが大事なことです。たとえば、嘘が嫌いな人間になるとか、人に優しい人間になるとか、そのために親が何をしてあげられるのかということを考えるのが、子育てということではないかと思います。

子供が欲しいと美子ちゃんが言い出したのは、美子ちゃんが『たまもの』という写真集を何年もかけて完成させたあとでした。この写真集は、前夫の坪内祐三さんと僕との間で揺れ動く心を写真と文章で表したもので、それをつくることは、自分の中の寂しさを引っ張り出すことでもあったと思います。そしてその寂しさは、写真集が完成したあともなくならなかったと思います。子供を育てることで自分が成長できるのではないかと美子ちゃんは言っていたのですが、寂しいということもあったのではないかと思います。

それまでは、二人とも子供のことなど考えたことがありませんでした。僕は子供に関心がなかったし、美子ちゃんは写真集をつくることに没頭していて、子供をつくるにはお互いギリギリの年齢に達していることにも気がつきませんでした。

僕は子供が苦手だったのですが、一生子供をつくらないという決心があったわけではありません。前の妻が子供を産めなかったので、「自分が父親に似ていることが嫌だから、自分に似た子供ができると、子供が嫌がるのではないか」という不安を、子供が欲しくない理由に無理矢理しようとしていたような気がします。

かといって、どうしても子供が欲しかったわけでもありません。子供を育てれば、美子ちゃんが言うように自分が成長できるのではないかと思うようにはなっていましたが、子育ては大変だし、いなければいなくてもかまわないと思っていました。

だから、美子ちゃんが不妊治療を受けると言い出したとき、ちょっと驚きました。本気で子供が欲しいと思っているんだなと思いました。もちろん、それに反対する気持ちはありませんでした。

僕らはあえて避妊したことはなかったのですが、子供ができないということは、どちらかの体に問題があるのではないかということになり、まず僕が調べてもらうことになりました。

雑誌を読んでいたら、最先端の不妊治療をしているクリニックが木場のほうにあるという記事を見つけたので、早速予約して行ってみることにしました。

そのクリニックは近代的なビルの中にありました。ドアを開けると目の前が待合室で、大勢の人たちが診察を待っていましたが、全員女性だったのでちょっと驚きました。産婦人科のクリニックなので女性が多いのはあたり前ですが、不妊治療で来ている男の人も何人かはいるだろうと思っていたのでした。

受付を済ませ、待合室で女性たちに混じって小さくなって順番を待っていると、女性の看護師さんに名前を呼ばれました。その看護師さんに「あちらの部屋で取って、ナプキンをかけておいてください」と言われ、採尿のときのような紙コップを渡されました。精液を取れということです。

看護師さんが言う「あちらの部屋」は待合室の横にあり、入るところをみんなに見られてしまいます。といっても、みんながそんなにジロジロ見ているわけではありません。自意識と羞恥心（しゅうちしん）でそう思うだけです。

その部屋は、椅子とテーブルとビデオデッキとモニターだけが置いてある小さな部屋で、モニターの上には宇宙企画（ＡＶ会社。ちなみに友人が立ち上げた会社です）のエロビデオが置かれていました。そのビデオを見ながらオナニーをして、紙コップに射精して、そこに置いてあったナプキンをかけてテーブルの上に置いて出てきました。部屋から出るとき、待合室の何人かの女性の目がこちらに向いたような気がしましたが、それも気のせいだったかもしれません。

少し時間を置いて、先ほどの看護師さんがその部屋に入り、ナプキンをかけた紙コップを持って出てきました。それを見てまた恥ずかしくなりました。

待合室で待っていると再び名前を呼ばれ、今度は医師のいる部屋に案内されました。部屋の中は暗くされていて、パソコンのモニターだけが光っていました。その画面を見ている医師の横に椅子があったので、そこに座りました。モニターの画面を見ると精子がチョロチョロ動いています。いまの顕微鏡はこうなっているのかと感心しながら見ていました。

先生に「どうですか？」と聞くと、やや間があって「ちょっと動きが鈍いね〜」と言われました。「えっ？」と思いました。まさかそんなことを言われるとは思っていなかったので、ちょっとショックでした。そのとき僕は五十三歳だったのですが、自分ではまだ若いと思っていたのかもしれません。老化現象は思わぬところに表れていたのでした。

そのあと先生と今後の不妊治療の話をしたと思うのですが、何を話したか覚えていません。美子ちゃんは、梅ヶ丘に不妊治療で有名なクリニックがあることを調べ、そこに行くことに決めたので、最先端のクリニックには一回行ったきりで、僕の精子の動きを見てもらっただけで終わりました。

不妊治療には、排卵日に合わせてセックスをするタイミング法、医師の手を介して精液を子宮内に注入する人工授精、卵子と精子を体外で受精させその受精卵を体内に戻す体外受精、顕微鏡でガラス管を使って精子を卵子の中に入れてしまう顕微授精の四つの方法があります。

一番簡単なのがタイミング法ですが、僕らはそれをやってもダメなことがわかっているので、人工授精をすることにしました。まず僕が家でプラスチックの試験管のような容器に精液を取り、美子ちゃんはそれをお腹で温めながら梅ヶ丘のクリニックに持っていき、体内に注入してもらいます。それを何度かやってみたのですが成功しません。僕の精子の動きが鈍いことが原因なのでしょうか。

僕はこの時点で子供をつくることを諦めたのですが、美子ちゃんは体外受精に切り替えて続けると言います。体外受精は卵子も取らないといけないのですが、それは精子を取るほど簡単なことではありません。体への負担が大きくなります。不妊治療を始めるまでは、美子ちゃんは子供が欲しいと言ったことがなかったのですが、そこまでやるということは、潜在的にはそういう気持ちが強くあったのかもしれません。

体外受精では精液をその場で取ったほうがいいそうで、僕は種馬のように美子ちゃんについて梅ヶ丘のクリニックに行き、ベッドのある小さな部屋で精液を採取しました（エロビデオはなく、エロ本が数冊置いてありました）。同時に卵子も取るのですが、美子ちゃんはそれが痛いと言っていました。

こうして僕たちは本格的な不妊治療モードに入ったのですが、受精はするもののなかなかうまく着床しません。それが二回続いたころ、美子ちゃんが友達から、ちゃんとするなら大学病院に行ったほうがいいと言われ、ある人を通じてK大学病院を紹介してもらいました。そして美子ちゃんは、説明を受けるためにその大学病院に通うことになりました。

そこは不妊治療の権威がある病院で、治療を受けたいという人が大勢待っていて、普通に申し込んだら何年も待たされるそうです。それに不妊治療が始まっても、体外受精まで一年半もかかるそうです。美子ちゃんからその話を聞いて、何もそこまで頑張らなくてもいいんじゃないかと思いましたが、美子ちゃんはまだ諦めていませんでした。

すでに不妊治療を始めて一年が経っていました。僕の精子もますます勢いがなくなっているはずです。そろそろ諦めてくれないかと思っていたら、突然、美子ちゃんが不妊治療をやめたいと言い出しました。その大学病院の説明会に行ったとき、何年も不妊治療で通っている人たちと話す機会があったそうで、その人たちの話を聞いていたら、何年も何年も子供をつくることに妄執していることが恐ろしくなったそうです。

時間と費用がかかるぶん、どうしても見返りを期待する気持ちが強くなります。できなかったときはそれだけ失望感も増します。子供を育てたいという気持ちが、どんなことがあっても妊娠したいという気持ちに変わっていくことは、エゴにつながることでもあります。

そのことに美子ちゃんは気がついたようでした。また、受精率何パーセント、着床率何

子供は神様からのプレゼントです。そう思うことを忘れて、僕らは不妊治療に入りましたが、大きな失望を感じる前にやめられて本当によかったと思っています。

子供が欲しい人たちはたくさんいます。そしてまた、産まれてほしくないのに産まれてしまった子供たちもたくさんいます。血縁ということを取っ払って、そういう子供を、本当に育てたいと思う人が育てられるようになればいいと、美子ちゃんは言います。僕もその意見に賛成です。

結婚と恋愛

ひなびた温泉地を旅するつげ義春(よしはる)さんの紀行文集『貧困旅行記』（平成三年に晶文社から刊行され、その後新潮文庫から『新版 貧困旅行記』が出ています。引用は新潮文庫版から）の中に、「蒸発旅日記」というまるで小説のような旅行記が入っているのですが、これがすごくおもしろいのです。

「蒸発旅日記」は「私」が蒸発（失踪）する話で、所持金二十数万円（昭和四十三年に書かれているので、現在の貨幣価値に換算すると百万円ぐらいでしょうか？）と時刻表だけ持って、小倉に住んでいる女性に会いに行くところから始まります。会いに行くといっても、その女性に行くことを知らせているわけではありません。その女性とは二、三度手紙のやり取りをしただけで面識がないのですが、ただ会うだけでなく、「私」はその人と結婚して九州で暮らそうと思って行くのです。相手の同意もなくいきなり結婚ですよ。この本を書くために、結婚のことをあれこれ考えてきたのですが、自分勝手な結婚ということではこれに勝るものはありません。

「私」は大阪までは行ったものの、九州まで行くことをためらいます。しかし、迷いを振り切って列車に乗ります。すると、通路を挟んだ隣の席で若い女性がお婆さんと話をしています。九州の話が出たので、九州はどんなところかと聞くと、「九州見物ですか、それなら水前寺公園がいいですよ」とその女性は言います。その公園はどこにあるのかと聞くと、「熊本です。私は熊本に帰るのでよかったらご案内して上げましょうか」と言います。「私」は「熊本もいいな」と思い、「この女性に付いていって彼女と結婚しようか」などと考えます。小倉に住んでいる女性はまだ見たことがない人だけど、この女性は(いまここで会っているから)人柄もわかるし悪くない感じなのです。「私」は「相手は誰だっていいのだ」と心の中で思います。「誰だっていい」というのもすごいですね。いい加減の極致ですが、蒸発しているからそういう発想ができるのです。

そのあとも、ストリップの一座と出会い、一緒にドサ回りでもして暮らそうかと思ったり、杖立(つえたて)温泉のストリッパーと一夜を共にしたり、気の弱い引っ込み思案な「私」なのに、現実から離れたことによって、感情のおもむくまま、普通に考えたらかなり大胆な行動を取ります。

人は、頭の中では淫らなことや自分勝手なことを考えています。僕も道行く女性を見て、

「この人とセックスしたいなぁ」と思うことがしょっちゅうありました。しかし、それを実行しようとは思いません。現実に縛られているからです。その縛りを取っ払ったらこんなことになる、というのがこの「蒸発旅日記」です。大阪で九州行きをためらったときのことを、筆者は次のように書きます。

列車が動きだすと、私はようやくほっとしたが「蒸発をするのは案外難しいものだな」と思った。それは現実の生身の役者が舞台へとび出し別の人間になりきるのに似ている。役者は舞台のソデで緊張と不安のあまり吐気や便意を催すという。しかし舞台は幕がおりる。蒸発は幕がおりないから演じ続けなければならない。別の生を生きなければならない。だが演じ続けることもやがては日常となり現実となるのであろう。そう解っていても私はもうとび出してしまったのだ。

確かに、蒸発してそれまでとは違った生き方をしても、それもすぐ日常になるのはあたり前で、その日常が嫌ならまた蒸発するしかありません。

この「蒸発旅日記」には、「私」が蒸発することになった原因は書かれていません。文章の行間から感じ取るか、不安神経症であるつげ義春さん自身のことを想像して考えるしかないのですが、根底にあるのは、自分が置かれている社会的立場から離脱して、自由になりたいという気持ちが強いということです。

多くの人はその逆です。自分の社会的地位を守り、社会に認められたいと思っているのが普通です。

つげさんは『貧困旅行記』の中で、自分は貧しげな宿屋を見るとむやみに泊まりたくなる、その侘(わび)しい部屋でセンベイ布団にくるまっていると、自分がいかにも零落(れいらく)して、世の中から見捨てられたような心持ちになり、なんともいえぬ安らぎを覚えると書いています(「ボロ宿考」)。そして、次のように結論づけています。

> 世の中の関係からはずれるということは、一時的であれ旅そのものがそうであり、ささやかな解放感を味わうことができるが、関係からはずれるということは、関係としての存在である自分からの解放を意味する。私は関係の持ちかたに何か歪みがあったのか、日々がうっとうしく息苦しく、そんな自分から脱がれるため旅に出、訳も解らぬまま、つかの間の安息が得られるボロ宿に惹かれていったが、それは、自分から解放されるには、〝自己否定〟しかないことを漠然と感じていたからではないかと思える。貧しげな宿屋で、自分を零落者に擬そうとしていたのは、自分をどうしようも

ない落ちこぼれ、ダメな人間として否定しようとしていたのかもしれない。

ここに書かれているように、自己否定でしか本当の自由が得られないとしたら、ほとんどの人は不自由な状態にもがいていることになります。つげさんは、旅はそういう不自由な日常から少しだけ遊離させてくれるもので、生活から離れた気分になれるのが楽しい、とも書いています。

それは旅だけでなく、結婚しているのに恋愛をすること（つまり不倫）も同じではないかと思います。

僕は二回結婚していますが、最初の結婚のとき、何人かの女性と恋愛関係になりました。『貧困旅行記』を読んで、そのときのことを思い出すと、セックスへの好奇心ということだけでなく、日常から少しだけ遊離でき、自分が少し解放された気持ちになるから恋愛していたのではないかと思うようになりました。

僕は子供のころ、現実から目をそむけるクセがありました。目をそむけたいような現実があったからです。社会に出てからも、現実との折り合いが悪く、孤立することも多々ありました。

現実との折り合いが悪かったのは、自意識と、人とうまくコミュニケーションが取れなかったことが原因ですが、現実から目をそむけているうちに、いつの間にか頭の中が現実離れしていって、現実離れした状態が自分の中では現実になっていたようなところがあります。

キャバレーの宣伝課に勤めていたころ、チラシやポスターの仕事を与えられても、どうしたらお客さんを呼べるのかということはまったく考えずに、末井昭というデザイナーに依頼された表現の仕事、みたいに思っていました。上司から「そんなデザインで客が来るか！」とよく怒られていましたが、「資本主義に毒されたお前には何もわかるまい、フフフフ」と、一人心の中でせせら笑っていました。

それでも給料をもらっていたのですから、かなりユルい職場だったと思いますが、そういうことがそんなに長く続くわけがありません。上司から邪魔者みたいに扱われ、なんとなく居づらくなってキャバレーを辞めたら、自分が何をすればいいのかわからなくなってしまいました。それまで考えていた、デザインで革命を起こすということが消えてしまい、頭の中がカラッポになっていました。そして、なんの取り柄もない貧乏な自分という現実に向き合わざるを得なくなりました。

とにかく働かないといけないと思っていたとき、キャバレー時代に知り合った人から看板を頼まれ、アパートで看板を描いて電車で運ぶという、フリーの看板屋になりました。

描くのが早かったので看板を量産し、収入はサラリーマンの月収を上回るようになりました。

　生活は安定するようになったのですが、看板を描くのも半年ぐらいでつまらなくなってきました。そんなとき、キャバレー時代の友達がエロ雑誌の出版社に就職して、僕にイラストを描かないかと誘ってくれました。それがきっかけになって、もう消えてしまったと思っていた表現欲がムクムクと膨れ上がりました。エロ雑誌には不釣り合いな、ドロドロしたグロテスクな絵を描いて持っていくと、それでも使ってくれたのですが、今度は収入が減ります。

　収入を増やすためには、仕事の量を増やさなければなりません。表紙のデザインや描き文字、イラスト、レイアウト、マンガ、風俗ルポと、頼まれればなんでもやりました。一晩に実用書一冊分のイラスト三十枚を描いたこともあります。眠くなるのでペン先で手の甲をチクチク刺しながら描いていました。もう自己表現とか言っていられる状態ではありません。

　収入は再び増えてきましたが、それに反比例して毎日がまたつまらなくなってきます。いつも大量の仕事を抱え、寝不足でイライラしていて、しょっちゅう妻と喧嘩をしていました。僕はおそらく、自己表現以外の仕事は何をやってもダメだったのかもしれません。

生活のためにモクモクと働くことも、平凡な日常の繰り返しに埋没することも、僕にはできませんでした。

妻に内緒で女の人と付き合い出したのは、そういう日常から離脱したいという気持ちが根底にあったからだと思います。ちなみに、恋愛していると現実が目に入らなくなり、どんなにブサイクな男でも女でも、自分のことを世界一カッコいい俺、世界一カワイイ私と思っているものです。もちろん僕だって、恋愛中は世界一の二枚目になっていたはずです。

僕がまだ二十代半ばのころ、付き合っていた人と新宿で飲んでいて、気がついたら電車がなくなっていました。二枚目でカッコよくなっていた僕は、彼女を家まで送っていこうと、タクシーを止め二人で乗り込みました。彼女が住んでいたのは多摩湖の近くらしく、かなり遠いということがタクシーに乗ってからわかったのですが、引き返すわけにもいきません。

タクシーが都心を離れていくにつれ、町の灯りも少なくなり、そのうち真っ暗な道を走るようになりました。すると前方に、赤や黄色や青のイルミネーションがチカチカ光っているのが見えてきました。まるでおとぎの国の入口のようです。それがラブホテルだとわかって、ますますそこに入ってみたくなり、運転手さんに「ここで降ります」と言って、半ば強引に彼女を連れてそのラブホテルに入りました。

そこが東京なのか埼玉なのかさえわからないラブホテルの密室にいると、現実にはない架空の場所にいるような気がして、このまま現実から消えてしまってもいいような気持ちになってきます。そういう日常から少し遊離した感じが、なんとも言えずいいのです。

僕が三十代の初めのころ、付き合っていた人（さっきの人とは違います）と、池袋のラブホテルで朝を迎えたときのことです。

ラブホテルで朝を迎えるのはすごく苦手です。ラブホテルの中にいるときは日常から遊離していますが、明るくなって外に出たとたん、すべてがあからさまになるような気がして憂うつになるのです。

気だるい気分でコーヒーを飲んでいると、彼女が「海が見たい……」とつぶやくように言いました。現実に戻ってしまっている僕は「えっ？　海？　行きたくないなぁ」と思うのですが、彼女に合わせて「海ったって、どこに行けばいいんだろう？」と言うと、「湖でもいいよ」と言うので、彼女が知っている鎌北湖（かまきたこ）という湖に行くことになりました。

池袋から東武東上線に乗りました。現実に戻っている僕は、その日、妻とどこかに行く約束をしていたことを思い出し、どう言い訳をしようか考えています。電車は都心を離れ、郊外に向かって走っていきます。それにつれ、妻との約束もどうでもいいように思えてきて、再び現実から遊離した世界に入っていきます。

坂戸（さかど）という駅で東武越生（おごせ）線に乗り換えて、東毛呂（ひがしもろ）という駅で降りました。東毛呂は寂しいところで、人もほとんどいません。駅前の駄菓子屋さんで聞くと、鎌北湖まで歩くと一時間はかかるというので、タクシーで行くことにしました。

鎌北湖は大きな湖だと思っていたのですが、少し大きい池みたいなところでした。人もまばらで、池の周りを二人でとぼとぼ歩いていると、なんだかもの悲しい気持ちになってきました。どこかの食堂から「California Dreamin'」が流れてきて、それを聴くとさらにもの悲しくなってくるのですが、そのもの悲しさが結構いいのです。これもつげ義春さんが言う「世の中の関係からはずれた解放感」なのでしょうか。

もの悲しい気分のまま、彼女とボートに乗っていたとき、このまま蒸発してしまいたいと一瞬思いました。それは一瞬だったのですぐ現実に戻りましたが、あのとき本当に蒸発していたら、僕はいまどこでどんな暮らしをしていたのでしょうか。

結婚しているのになぜ恋愛をしてしまうのかということについては、人それぞれの思いやそれぞれのケースがあって一般論では語れませんが、「ちょっとだけ現実逃避したい」ということがかなりのパーセンテージであるのではないかと思います。もちろん、現実逃避のつもりが本気で相手を好きになってしまい、いまの僕みたいに、家出をしてその人と暮らすようになる人もいると思いますが。

僕が家出をして美子ちゃんと暮らすようになったことは、これまで書いた通りですが、それ以後は一度も恋愛はしていません。美子ちゃんとの約束で、お互い嘘をつかないことにしているので、恋愛をしたらそれを美子ちゃんに言わないといけません。それが縛りになっていることも確かにありますが、最初のころは、美子ちゃんとの生活があまりにもギクシャクしていて、ちょっとしたことで喧嘩になってしまい、「日常が退屈だ」とか言っていられないぐらい毎日が大変だったこともあります。でもそういう経験を乗り越えたおかげで、美子ちゃんと向き合えるようになり、平凡な日常もいいものだと思うようになりました。

恋愛で非日常感を味わうにしても、ドキドキしたりワクワクしたりするのは最初のわずかの期間だけで、それもまた日常に還元されてしまうのです。それよりも、二人で一緒にいることが楽しければ「平凡な日常、上等じゃないか」になるのです。

このごろ、平凡な日常が楽しいと思えることが、どんなことにも増してしあわせなことだと、つくづく思うようになりました。

表現者同士の夫婦

金持ちになりたいとか、有名になりたいとかではなく、「表現しないと死んじゃう人」が世の中には本当に存在するらしいということだ。それはすごく乱暴に言えば、普通の人間が無意識でやっているように、他者に対して自分の良い部分だけを「切り売り」したりできず、自分のすべてを他者の前に表したい気持が強い人たちであるように思う。

これは、九〇年代の終わりごろ、『週刊プレイボーイ』が庵野秀明(あんのひであき)さんをインタビューしたときの記事の一部です。たぶん、庵野さんがこう言ったのではなく、記者が庵野さんのことを書いた文章ではないかと思うのですが、なんとなく頭にひっかかって、僕の「大事なお言葉手帳」にメモしておいたものです。

「表現しないと死んじゃう人が本当に存在するらしい」と、珍種の動物みたいに言っていますが、これはつまり表現者のことを言っているわけです。

自分のすべてをさらけ出すことが表現のすべてではない、それは私小説などの文学に限られることではないか、とおっしゃる人もいるかもしれませんが、文学でも絵画でも写真でも、その根底には作者の内面がさらけ出されているものです。また、そういうものでなければ表現とは言わないのではないかと思います。

僕が、自分を表現するということを意識するようになったのは、高校を卒業して（憧れの）工場に就職して、その工場にわずか数ヵ月で失望し、グラフィックデザイナーになろうと決心したころからです。

それまでは、人前で自分の過去のことを話したことはありませんでした。母親が近所の男とダイナマイト心中したり、食べるものがないほどの貧乏生活をしたり、いじめられたり、自分の身の上に起こった出来事は、何一つ人に自慢できるものはなかったし、母親の心中の話をすると奇異な目で見られて、仲間外れにされるのではないかという恐怖もありました。

人前では努めて明るく振る舞うようにしていましたが、実際はネクラで、子供のころから一人で絵を描くことが好きでした。

マンガ家になりたいと思っていたのですが、マンガでは生活できないと思い、工場労働者になって都会に出て暮らすという現実的な進路を選びました。前近代的な山村で育ったので都会に憧れていて、高校を卒業したら大阪に行って働こうと思っていたのでした。そして、モクモク煙を吐きながら二十四時間エネルギッシュに動いている工場で働くことが、自分にとっての輝かしい未来のように思っていました。

グラフィックデザイナーという仕事があるということは、大阪のステンレス工場で働いていたころ、新聞の募集広告を見て知りました。その工場に入社して一ヵ月も経たないうちに、劣悪な職場に失望してしまい、夜勤シフトのときに（工場は二十四時間稼働していて、工員は三交替で働いていました）、その募集広告を見て面接に行ったことがあるのですが、けんもほろろに断られました。

それから数ヵ月後、僕は川崎の自動車工場で働いていて、休みの日に新宿に遊びに行ったとき、町角に貼ってあったデザイン専門学校のポスターが目に留まりました。デザイナーになるためにはデザイン学校に行くのが早道だと思い、工場で働きながら牛乳配達のアルバイトをして入学金をつくり、渋谷にあった青山デザイン専門学校というところの夜間部に入学しました。その学校が学生たちによってロックアウトになったことは前に書きましたが、そのあとディスプレイの会社に入ったころから、反権力・反商業主義・反モダニズムデザインの『デザイン批評』という雑誌を熱心に読むようになり、その雑誌に感化されて「革命的デザイナー」になると決心したのでした。

それからは自分のことをいっぱしの表現者だと思うようになり、それまで隠蔽してきた自分の暗い過去は、自分が革命的デザイナーになるために必要だったことではないか、母親がダイナマイト心中したデザイナーはどこにもいないだろう、などと思うようになり、その自分の暗い過去やドロドロした情念をデザインで表現しようと思うようになります(デザインで自己表現していた横尾忠則さんや粟津潔さんの影響大です)。

それまでは自分の暗い過去を隠蔽しながら、努めて明るく振る舞っていたのに、自分の暗い過去を肯定し、それを表現しようと思うようになったら、雰囲気までも暗くなり、人があまり近づかなくなりました。

ディスプレイ会社で看板のデザインやディスプレイデザイン、キャバレーの宣伝課でチラシのデザイン、フリーでピンクサロンの看板描き、エロ雑誌のイラストやデザイン、エロ雑誌の編集、『写真時代』の編集、『パチンコ必勝ガイド』の編集と、仕事はどんどん変わっていきましたが、看板描きのころを除いて、自分は表現者であるという意識がいつもありました。

文章を書くようになったのは三十歳を過ぎたころで、『写真時代』を創刊した直後でした。北宋社の編集者、高橋丁未子さんから本を書いてみないかと言われ、一週間ほどホテルにこもって書いたのが『素敵なダイナマイトスキャンダル』という、自分の生い立ちとエロ雑誌の現場を書いた本です。この本では、最初に母親のダイナマイト心中の話を得意げに書いています。

美子ちゃんは高校のときからアートに関心を持つようになり、大学のとき写真部に所属し、卒業して広告代理店で一年間働き、スタジオで半年間働いたあとニューヨークに写真修業に行き、写真家の道を歩み始めます。

僕と暮らし始めたころは、アシスタントをしていた森村泰昌さんの影響もあって、写真でアート作品をつくろうとしていた時期で、女装を表現のモチーフにしていました。

女装者でない人を女装させて撮るプロジェクトの最初のモデルは僕で、その後、友人知人に声をかけ、スタジオで女装してもらって撮っていましたが、どうせなら有名人に女装してもらったほうがおもしろいのではないかということになり、僕が知っている『週刊宝石』の編集者に話して、「Who's Who」という連載を始めることになりました。

方南町のボロビルのワンフロアを借りてスタジオにし、安部譲二さんや赤塚不二夫さん、島田雅彦さん、田中小実昌さんといった方々に来てもらい、女装メイクのスペシャリストの森田豊子さんに大阪から出張してもらい、女装者で歌手のエルナ・フェラガーモさんにスタイリストをやってもらい、女装写真を撮っていました。その人たちとの打ち合わせや撮影の準備などがあって、美子ちゃんはものすごく忙しくなりました。

美子ちゃんは、何か自分のやりたいことに熱中しているときが精神状態が一番安定しているときです。一方僕は、毎日会社に行くものの編集の現場を離れていて、管理職として机に座っているだけの充実感のない日々を送っていたので、好きな仕事をやっている美子ちゃんにコンプレックスを持っていました。

そのころ、坪内祐三さんは新進気鋭の評論家として脚光を浴びていました。一九九七年の四月、初の著書『ストリートワイズ』を出し、同年六月に『シブい本』を出します。美子ちゃんは、週に一回坪内さんのところに里帰りしていたので、帰ってきてから坪内さんの近況をよく話していました。

僕は『シブい本』が出てから一ヵ月後に、月刊『宝石』で連載していた「銀玉放浪記」というパチンコの話をまとめた『パチプロ編集長』という本を出したのですが、美子ちゃんは僕の本にはまったく関心がないようで（パチンコに関心がないからあたり前ですが）、「坪ちゃんの本は、坪ちゃんがどうしても書きたいことを書いて、坪ちゃんの本をどうしてもつくりたい人がつくったからいい本になったんだよ」と言います。僕は自分が遠回しに批判されているように思ってふてくされていました。

美子ちゃんはルンルン（ちょっと古いですが）で、僕はモヤモヤだったので、喧嘩の火種はいつもありました。美子ちゃんが忙しすぎてパニックになっているときや、僕が気持ちが落ち込んで黙っているときは、最終的には喧嘩になり、美子ちゃんがやっていることを、「つまらない」とか「そんなのアートじゃない」とか言ってなじることもありました。自分は表現者だという意識があっても、具体的に何もしていないというコンプレックスが、そう言わせていたのだと思います。

『週刊宝石』の「Who's Who」の連載が終わり、それまで撮ってきた女装写真を写真集にまとめることになりました。『週刊宝石』で連載していたので、『週刊宝石』のデスクに話すと「うちで出してもいいですよ」と言ってくれたのですが、美子ちゃんが「あそこじゃ嫌だ」とゴネてまた喧嘩になりました。

美子ちゃんは、自分がこうしたいと思ったら妥協しません。僕は表現者だという自覚はあっても妥協の連続で、お金のために魂を売ることなんて平気でやります。そうしないと生活できなかったからです。

「好きな人ができたから家を出る」と坪内さんに言ったら、坪内さんは「美子ちゃんはアーティストなんだから好きにすればいい」と言ったと美子ちゃんから聞いたときは、ものすごくものわかりのいい人だと思ったのですが、美子ちゃんがこうしたいと思ったら絶対妥協しないことを知っているので、坪内さんがそう言ったのかもしれないと思ったりしました。

女装写真集には、坪内さんと僕が一緒に女装している写真を新しく撮影して入れることになりました。その話を聞いたときは緊張しましたが、女装は僕のほうが先輩だったし、女装が楽しい時期でもあったので気持ちが楽でした。それにしても、前夫と現夫を並べて女装させるなんてことは、おそらく美子ちゃんしかできないのではないかと思いました。このとき初めて、僕も「美子ちゃんはアーティストなんだから好きにすればいい」と思ったのでした。

それから、写真集のダミー本をつくる手伝いをやらされたり、イライラした感情をぶつけられたりしながら、その女装写真集は一年近くかかってようやくまとまりました。それは『たまゆら』というタイトルになり、一九九八年の七月にマガジンハウスから発売され、同時に銀座のギャラリー小柳で、「たまゆら」という写真展が一ヵ月間開催されました。オープニングパーティーには大勢のゲストや女装した人たちが集まりました。

その席で坪内さんが次のような挨拶をしました。

「……ある時から神藏さんに勢いが出てきたというのが横で暮らしててもわかって、その時僕は神蔵さんに、なんか好きな人が出来たんじゃないかなと思い、あるいは作品として自分の中であるひとつの明確なものが見えてきたんじゃないかなと思ったんですけど、結果的にその両方だったんですね。」（神蔵美子『たまもの』）

その挨拶を聞いて、やっぱり坪内さんは評論家なんだなと思いました。

美子ちゃんが、『たまゆら』のあとつくり始めた写真集が『たまもの』で、最初のタイトルは『欲望にしたがって』だったと思います。それは美子ちゃんの行動原理そのままです。それが『こころ』というタイトルに変わり、最終的には『たまもの』になりました。

この写真集の写真選びを始めたころ、住んでいた方南町のマンションが売却されることになり、僕たちは美子ちゃんの両親が住んでいた桜新町（さくらしんまち）に引っ越すことになりました。それと同時に、方南町にあった美子ちゃんのスタジオも近くに移すことになり、上馬（かみうま）にあったボロボロだけどかなり広いビルのワンフロアを美子ちゃんは探してきました。偶然にもそのボロビルは、坪内祐三さんの仕事部屋のすぐ近くにありました。

『たまもの』は、美子ちゃんが僕と付き合うようになってからのことを書いた、私小説風の文章と写真の本です。この写真集の作業を始めてから、美子ちゃんは落ち込むことが多くなりました。

スタジオの内装工事が始まった頃から、毎日のようにまずFマンションへ行って車を停めてそこから、環七の側道を歩いてスタジオに通いだした。昼時にはFマンションで文筆の仕事をしている坪内のところへ行って、二年前と同じテーブルについて同じイスにすわり、近所の気のきいたべんとう屋からべんとうを買ってきたり、焼きそばを作ったりして、一緒にワイドショーを見ながら昼ごはんを食べることもあった。八階の窓の下に見える、車の走っている環七の眺めも、窓辺に飾ってあるネコの小物や写真も二年前と同じままだった。（略）

そうやって二年ぶりにかつて住んでいたところに通いだしてみたら、いつのまにやら過去が追いかけて来たのか淋しくなっていった。それはFマンションを出て方南町で暮らしてから二年も経ってからのことで、自分でもそんな気持ちになることは予想していなかった。堰を切ったようにセンチメンタルが押し寄せて来た。（『たまもの』）

美子ちゃんが落ち込んでいるのは、『たまゆら』の発刊や展覧会の開催、マスコミの取材などの慌ただしさが終わり、心にふっと風でも吹き始めたのかなと思っていたのですが、坪内さんとの過去を思い出すことで寂しくなっていたのでした（このことは『たまもの』の制作がある程度進んでから知りました）。おもしろいのは、美子ちゃんがそういう自分の寂しさも現在進行形の写真集にどんどん取り込んでいったことです（だからなかなか写真集が完成しませんでした）。

あるとき、朝起きると、美子ちゃんが隣りの布団の上に座っていて、「生きててもなんにもおもしろくない」とポツリと言いました。そう言われても、何も言いようがなくて黙っていたのですが、美子ちゃんに元気がないのは、僕のうつうつした気分が移ったのではないかと思いました。

そしてまた、喧嘩が多くなりました。前と違ったのは、僕がカメラを買って写真を撮るようになっていたことで、喧嘩をして美子ちゃんが泣いているときも、それを撮るようになったことです。写真を撮っていると、行き詰まった気持ちが少しだけ楽になりました。

カメラを買ってから、休みの日は近所を歩き回りながら写真を撮っていました。あるとき、カメラを持って住宅街を歩いていると、どこにも行き場がないような気持ちになってきて、急に涙がボロボロ出てきたことがありました。そのときもう一人の自分が、「いい年をしたオヤジが泣きながら歩いている。これは相当キモイぞ。それをブログか何かに書けば、おもしろがって読んでくれる人もいるかもしれないぞ」と言いました。

そのころ、たまたま『パチンコ必勝ガイド』のホームページをリニューアルしていたので、僕の日記を入れるページをつくってもらいました。タイトルは「ほぼ日刊イトイ新聞」をマネして、「ほぼ毎日スエイ日記」としました。何もドラマチックなことがない平凡な日常を、なるべくおもしろく書けないだろうかと思いながら書きました。そうしたら読んでくれる人がだんだん増えてきて、「日記読んでますよ、おもしろいですよ」と言ってもらえるようになりました。特に夫婦喧嘩をしたときの日記は評判がいいようで、日記を書くようになってからは、美子ちゃんと喧嘩をしているときも、これを日記に書いたらおもしろがってもらえるかもしれないと思うと、気持ちが少し楽になりました。

日記を書く前は、何もすることがない休みの日など、「自分も何か書かなくては」と焦っていましたが、何もすることがないということを日記に書けばいいと思うと、焦ることもなくなりました。僕にとって(美子ちゃんにとっても)、何かのかたちで自分を表現していくことが生きていくことではないかと思います。逆に言うと、僕たちは表現しないと死んじゃうかもしれない、ちょっと変わった夫婦なのかもしれません。

二人とも私生活のことを書いたり写真を撮ったりしているので、自分のことが書かれたり写真に撮られたりすることになります。人から「恥ずかしくないですか？」と聞かれることもありますが、自分をさらけ出すことが表現だと思っているので、「恥ずかしい」とか言っている場合ではないのです。あと、お互いがお互いのことを書くことで、普段は言えなかったことが言えるということもあります。僕は『たまもの』を読んで、初めて知ったこともたくさんあります。

『たまもの』は、つくり始めてから三年半経った二〇〇二年四月に、筑摩書房から発売されました。「ほぼ毎日スエイ日記」は『絶対毎日スエイ日記』というタイトルで、二〇〇四年四月にアートンから発売になりました。どちらも憂うつから始まった本です。

『たまもの』が発売になったあと、美子ちゃんにもっと深い憂うつが襲ってきたのですが、その憂うつは『たまきはる』という写真集をつくるきっかけになっています。

憂うつというものは、普通は何もしたくなくなるものですが、僕たちにとっては、憂うつが何かを始めるきっかけになっています。表現するということは、そういうふうにマイナスの気持ちをプラスに転換できることかもしれません。だから、普通だったら別れてしまうような夫婦なのに、表現のおかげでガタピシしながらも一緒にいられるのかもしれません。

自意識の束縛からの解放

美子ちゃんと親しくなる前の一九九二年、荒木経惟さんの写真展のパーティーで、美子ちゃんと聖書の話をしたことがあります。

そのとき美子ちゃんは、親戚に降霊術をやっている人がいて、そこで自分の霊を降ろしてもらったと言っていたので、もしかしたら興味があるかもしれないと思って、その年に編集した千石さんの本『隠されていた聖書』のことを話しました。

後日その本を送ったのですが、返事もなかったし、そのあとパーティーで会ってもその本の話は出なかったので、関心がなかったのだろうと思っていました。

二人にとって『隠されていた聖書』が大きな意味を持つようになったのは、一緒に暮らすようになってからのことです。

美子ちゃんと付き合うようになって、最初に二人で旅行したのは福岡でした。

僕がイエスの方舟のことや千石さんのことを話すので、美子ちゃんがイエスの方舟で運営しているクラブ「シオンの娘」に行きたいと言ったのか、僕がそこに連れていきたかったのか忘れましたが、福岡に行く目的は中洲にある「シオンの娘」に行くことでした。「シオンの娘」はステージがある大きなスナックのような店で、そのステージでショーをするのも接客するのも、全員イエスの方舟の女性メンバーです。千石さんは、営業中にはめったに顔を見せないのですが、僕たちが行ったときたまたま来られたので、美子ちゃんを紹介しました。そのときのことを、美子ちゃんは著書『たまきはる』で次のように書いています。

スエイと付き合い始めた一九九六年に、福岡の中洲で、イエスの方舟が運営しているクラブ「シオンの娘」に、スエイに連れられて出かけた。そこで、初めてお会いした千石さんは、肩の力がぬけた人で、笑顔ばかり思い出す。スエイは、千石さんの『父とは誰か、母とは誰か』を読んで「ぶったまげてしまった。それは、まさに、常識が根底からくつがえされるような本だった」と衝撃をうけ、それから、千石さんに会いに行き、千石さんの聖書解釈をまとめた『隠されていた聖書——なるまえにあったもの』を出版した。わたしはその『隠されていた聖書』をスエイに送ってもらって読んだが、わかりにくい本だった。チンプンカンプンなことが、多かった。だけど、千石さんにお目にかかって、集会で話される千石さんの言葉や、千石さんの存在に、どんどん引きつけられ、スエイと二人で福岡の公共施設で、毎月おこなわれる集会や、古賀にあるイエスの方舟の教会へ、何度も出かけて行くことになった。（略）スエイに出会い、千石さんと出会ったことで、ふたたび聖書と、出会うことになった。いや、ふたたびではなく、はじめて聖書が、自分に、はたらきかけてきたのだ。救いを求めるような孤独感や、しあわせになれないという焦燥感にかられたことで、千石さんが、しあわせになるための実用書として解説している聖書が、自分にかかわりをもってきたのだ。「導く者なくば、いかで悟り得ん（使徒行伝八章三一節）」。聖書にこうあるように、千石さんによって、聖書をめぐる旅がはじまった。

「ふたたび聖書と、出会うことになった。」とあるのは、美子ちゃんはプロテスタントの高校に通っていたので、すでに聖書とはなじみがあったからです。

美子ちゃんは僕と付き合うようになって再び聖書と出会ったのですが、僕も美子ちゃんと付き合うようになって、再びイエスの方舟の集会に行くようになったのでした。

最初に僕がイエスの方舟の集会に行った一九八七年は気持ちが沈んでいたときで、聖書がわかれば憂うつな気持ちから抜け出せるかもしれないと思ったのは事実ですが、本当に切羽詰まって聖書に助けを求めていたわけではなかったのです。聖書に何が書かれているのか、そのことが知りたいという興味だけだったのではないかと思います。だから『隠されていた聖書』を編集したことで、聖書がわかってしまったような気になって、集会には行かなくなっていたのでした。

聖書が本当に必要になったのは、美子ちゃんと暮らすようになってからです。二人の性格や考え方が大きく違っていたし、美子ちゃんは感情を抑えない人だったから、喧嘩ばかりするようになり、美子ちゃんに対して憎悪がこもるようになったり、カーッとして物をぶつけたり、本気で別れることを考えたりするようになって、『隠されていた聖書』を読み直すようになりました。美子ちゃんは「はじめて聖書が、自分に、はたらきかけてきた」と書いていますが、それは僕にとっても同じでした（もちろんそれは、千石さんの聖書解釈を通しての聖書ですけど）。

『隠されていた聖書』には、男と女のことが多く書かれています。「男の意義は女を愛することにある」「女は男を愛せない」「情は悪魔が人間をがんじがらめにする罠」といった言葉が、初めて心に響くようになったのでした。

二人でイエスの方舟の集会に行くようになったのは、一九九六年のクリスマス集会からでした。いつも福岡に行くのは飛行機で、日帰りするときもありましたが、集会の前の日に唐津や湯布院などを旅行することもありました。

美子ちゃんと暮らすようになって、僕は慢性的にうつっぽくなっていたのですが、美子ちゃんも『たまもの』をつくりだしてから元気がなくなりました。

二〇〇〇年のクリスマス集会のとき、前日は気晴らしに長崎を観光して、次の日クリスマス集会に参加しようということになりました。美子ちゃんは長崎に行ったことがなかったし、僕は高校のときの九州一周の修学旅行のときちょっと立ち寄ったぐらいで、二人とも長崎は初めてでした。

休みが取れなかったので、土日を使った慌ただしい旅行でした。朝八時ごろ羽田を発つ飛行機で長崎に向かい、市内の観光スポットを回り、四海楼で行列に並んで食事をしたあと、大浦天主堂まで歩きました。大浦天主堂の周りは原宿の竹下通りのような雰囲気で、道の両側に土産物屋が立ち並び、店員たちが競い合うように「カステラいかがですか～」と、観光客に声をかけていました。情緒も何もあったものではありません。

大浦天主堂を見て、異人館で行われていた古い長崎の写真展を見ようと、オランダ坂のほうに向かって歩きました。空は曇っていて吹く風も冷たく、鼻水が出てきました。美子ちゃんは無口になり、見るからに不機嫌そうな顔をしています。美子ちゃんが不機嫌になると、僕も暗い気持ちになってきます。美子ちゃんはよく「私の気持ちに左右されないで」と言うのですが、僕にとってそれは無理な話で、いつも美子ちゃんの機嫌を気にしてしまいます。美子ちゃんの機嫌がいいときは僕も機嫌がよくなり、美子ちゃんが落ち込んだり機嫌が悪いと、その場から逃げ出したくなるのです。

美子ちゃんが突然、「もう観光は嫌だ！」と叫ぶように言いました。その言葉に、心臓がギュッと締めつけられたようになりました。「どうして？」「目的のない観光は嫌だ！」「なんで？」「バカみたいだから」と言い合っているうちに僕もイライラしてきて、「だって、長崎に行きたいって言ったのは美子ちゃんでしょう！」と言うと、「そうだよ。自分はなんにもしないいんじゃない。旅行だって全部私が手配してるんだから。自分はいつも金魚のウンコみたいに、人のあとをついてきてるだけじゃない」と言います。「金魚のウンコ」と言われて、ブチンとキレました。金魚のウンコのように美子ちゃんのあとをついてきているというのは、この旅行のことだけでなく、二人で暮らし始めてからずっとそうだったと言われているように思いました。それからお互い何も話さなくなりました。

観光は途中でやめて、路面電車で旅館に向かいました。旅館でも美子ちゃんは陰うつなままで、僕もどんどん気持ちが沈んでいきます。そして、頭がフリーズしたようになって何も考えられなくなりました。美子ちゃんと話そうとしても、憎悪のようなものが湧き出してくるだけで、言葉が出てきません。いたたまれなくなって外に出ました。

翌日もその状態は続いていて、長崎から乗った特急電車の座席は別々にしました。本を読んでも、ただ目が活字を追っているだけで頭に何も入ってきません。本を閉じぼんやり窓の外を眺めながら、もう美子ちゃんとは修復不可能なんだろうなと思っていました。

博多で電車を乗り換えて、イエスの方舟の会堂がある古賀に向かいました。

古賀の駅前にはタクシーが一台も止まっていなかったので、仕方なくイエスの方舟の会堂まで歩きました。僕がトボトボ歩くうしろを、少し離れて美子ちゃんがついてきます。うしろを振り向くと、ノラ猫のようにビクッとして立ち止まります。お互い何も話さないでまた歩き始めます。しばらく歩くと、トンガリ屋根についたダビデの星と十字架が見えてきたのでホッとしました。

会堂に入ると、みんなが笑顔で出迎えてくれました。クリスマス集会は一年のうち一番重要な集会で、全国からイエスの方舟に関わりがある人たちが集まってきます。

美子ちゃんは突然、「千石さんに質問したいことがあるんですけど」とイエスの方舟の人に言いました。その人から質問内容を書くように言われ、美子ちゃんは涙を流しながら質問用紙に何か書いていました。

壇上に黒い詰め襟の服を着た千石さんが登場し、クリスマス集会が始まりました。クリスマスはいつも賛美歌の合唱があって、千石さんがクリスマスの意味を話すのですが、このときは突然千石さんが「この中に悩みを持たれている方がいます。その悩みをそのままにしておくと、集会そのものが成り立たなくなります」と言いました。それは美子ちゃんが質問したことだとすぐわかったのですが、そういう個々の質問には、集会の最後に答えてくれるものだと思っていたので、千石さんの言葉にちょっと驚きました。それと同時に、美子ちゃんが質問したことで、みんなに迷惑をかけているのではないかと心配になりました。

千石さんは「質問者の名前は伏せますが」と言って、その質問を読み上げました。美子ちゃんの質問は「汝、姦淫するなかれ。この聖句にそむいた自分は、もうずっと罪深いままなのでしょうか？　しあわせになれないのでしょうか？」ということでした。

このクリスマス集会の数週間前、坪内さんが集中治療室に入るほどの大けがをしました。美子ちゃんの悩みは、坪内さんがよくなるかどうか心配する気持ちと、坪内さんを心配すればするほど僕から気持ちが離れていくことと、坪内さんが一緒に暮らしている人に対する嫉妬が入り混じったものでした（このことはあとで知ったのですが）。

それに対しての千石さんの答えは「相手のしあわせをたえず祈れ」でした。相手というのは坪内さんなのか僕なのかはっきりしなかったのですが、なぜか涙がボロボロ出てきて、それまでのわだかまりがきれいに消えていました。

このときなぜ涙が溢れ出たのかを考えてみると、千石さんが言った「その悩みをそのままにしておくと、集会そのものが成り立たなくなります」という言葉の意味がわかったからではないかと思います。一般的には、人が大勢集まっているときは、多数のほうを優先させます。つまりこの場合、集会を進めます。しかし千石さんは、まず美子ちゃんの悩みを優先させました。そして美子ちゃんの悩みを、集会全体の悩みとして受け止めてくれました。そうすることが「相手のしあわせをたえず祈れ」ということだと、その行為を通して教えてくれました。そのことのありがたさで涙が出たのだと思います。

相手のしあわせを本気で祈っているときは、自分というものが一瞬消えてしまいます。僕がフリーズを起こして美子ちゃんと話せなくなっていたのは、美子ちゃんが言った「金魚のウンコ」という言葉に傷つき、美子ちゃんに対して憎しみの気持ちが起こり、心のシャッターを降ろしてしまったからです。つまりそれは自意識のせいです。自分のプライドを守るために心を閉ざしてしまったのです。

その自意識が一瞬でもなくなったとき、フリーズは解除されるのです。聖書的に言えば、悪魔が出ていったということです。だから常に相手のしあわせを、つまり美子ちゃんのしあわせを祈り続けることが、二人がうまくいく最善の方法なのですが、そう簡単に自意識を消せるものではありません。僕も美子ちゃんも自意識が強いので、相手をいまいましく思ったり、腹が立ったりすることがなくなることはありません。しかしその集会以来、それが一瞬で消えることがあるということがわかるようになりました。

性格も考え方も違う二人ですが、聖書という共通認識が生まれたことはよかったと思います。いつもいつも聖書を手引きにしているわけではありませんが、困ったことがあると、聖書的にはどうなのだろうと考えるようにしています。千石さんは「聖書をしあわせになるための法則ととらえたらいい」と言っていましたが、聖書に書かれていることをそのまま受け取ってしまうと、宗教観念に陥ってしまう恐れもあります。気軽に、生活のハウツー書として使えばいいのです。

男が女を愛するということを突き詰めていくと、男は女の奴隷になることだと千石さんは言います。自意識を捨て、相手のことだけを考える生き方は、奴隷になることだと言えなくもありません。しかし、奴隷といっても自由を奪われ搾取されることではありません。自意識の束縛から解放されて逆に自由になることです。

千石さんは二〇〇一年の十二月に亡くなりましたが、それまでは美子ちゃんとなるべく集会に参加するようにしていました。集会のとき、千石さんがちょっと小さい声で、「男はカマキリのようにメスに食べられてしまうのが理想なんです」と言ったことがありました。そのときは「えっ?」と思いましたが、女を愛するということはそういうことなんだろうなと、いまは思っています。おそらくメスに食べられる歓びなんて、誰も考えたことがないと思いますが。

女は男を愛せない

聖書に書かれていることで一番おもしろいと思うのは、旧約聖書の創世記です。そこにはすべてのものの成り立ちが書かれているのですが、そのまま受け取るとただの神話になってしまいます。そこに書かれている言葉の真意は何かということを探ることが、聖書を読むことの意味ではないかと思います。このことを教えてくれたのは、イエスの方舟の千石さんで、千石さんの聖書解釈は見事なまでにその真意を読み取っているのではないかと思っています。

創世記一章には、神がこの世のあらゆるものをつくっていくことが書かれていますが、最後のほうで人間をつくったことが書かれています。

神は御自分にかたどって人を創造された。神にかたどって創造された。男と女に創造された。

（創世記一章二七節）

これだけなのですが、重要なのは「御自分にかたどって人を創造された」というところです。「かたどる」といっても、姿、形ということではなく、霊とか魂のことです。聖書に書かれていることは、すべて人間の内面のことです。神のようにつくられたということは、神に近づくことができるということでもあります。

最初に神とコンタクトを取ったのはアダムです。人祖（じんそ）アダムと言われていますが、生物的には人間の祖先は猿です。ですから、アダム以前の人間はみんな猿のようなものだったのですが、アダムが初めて神とコンタクトが取れる人間として現れたということになります。

創世記では、神がアダムをつくったときのことが次のように書かれています。

主なる神は、土（アダマ）の塵で人（アダム）を形づくり、その鼻に命の息を吹き入れられた。人はこうして生きる者となった。

（創世記二章七節）

「生きる者となった」というところが重要です。アダム以外の人間は生きていなかったということになります（「生きる」ということは、精神面がある次元以上に高揚することだと僕は思っています）。

そして神は、「アダムに合う助ける者」として、女をつくります。

主なる神はそこで、人を深い眠りに落とされた。人が眠り込むと、あばら骨の一部を抜き取り、その跡を肉でふさがれた。そして、人から抜き取ったあばら骨で女を造り上げられた。主なる神が彼女を人のところへ連れて来られると、人は言った。

「ついに、これこそ
わたしの骨の骨
わたしの肉の肉。
これをこそ、女（イシャー）と呼ぼう
まさに、男（イシュ）から取られたものだから。」

こういうわけで、男は父母を離れて女と結ばれ、二人は一体となる。
人と妻は二人とも裸であったが、恥ずかしがりはしなかった。

（創世記二章二一～二五節）

ここで人と言われているのはアダムのことです。女はのちにアダムからエバと名づけられます。「女は男のあばら骨からつくられたのか」と、女性蔑視のようにも取られる箇所ですが、男のあばら骨からつくられたということは、男は他者である女に自己を見ているということの比喩です。

神が女をアダムのところに連れてくると、アダムは大喜びし、「ついに、これこそ、わたしの骨の骨、わたしの肉の肉」と言います。言うというより、おそらく嬉しさのあまり歓喜の声を上げたのではないかと思います。

そのあとに「男は父母を離れて女と結ばれ」と書かれていますが、これは親子という人間関係から、男と女の関係に軸が移ったということです。千石剛賢さんは、親子というのは一時的な人間関係でしかなく、一番大事なのは男と女の関係で、これは永遠だと言っています。

「二人とも裸であった」というところは、衣服を着ていなかったということではなく、お互い何も隠し立てすることはなかった、他人意識がなかったということの比喩です。

千石さんは女がつくられた意味を次のように言っています。

人間が神のことばを聞いてすばらしいものとなるためには、神のことばを聞いとるだけではあかんのです。聞いたことを、自分以外の誰かに間違いなく正確に伝え受け取らさねば、自分のすばらしさというものが現実にあらわれてこないんです。そこで、受け皿というか、すなおに男の伝えることを受け止める人格、つまり女がつくられたわけです。

（『隠されていた聖書』）

神はエデンの園というユートピアをつくり、食べるものをもたらすあらゆる木を生えさせ、中央に「命の木」と「善悪の知識の木」を生えさせました。中央に二本ということは、どちらの木が本当の中央かということになりますが、この二本の木は、本当は一本ではないかと思っています。

神はアダムに「園のすべての木から取って食べなさい。ただし、善悪の知識の木からは、決して食べてはならない。食べると必ず死んでしまう」（創世記二章一六〜一七節）と命じます。

こうしてエデンの園で楽しく暮らしていたアダムとエバですが、このあと大変なことが起こります。エバがフラフラ歩いていたら蛇が現れます。

主なる神が造られた野の生き物のうちで、最も賢いのは蛇であった。蛇は女に言った。

「園のどの木からも食べてはいけない、などと神は言われたのか。」

女は蛇に答えた。

「わたしたちは園の木の果実を食べてもよいのです。でも、園の中央に生えている木の果実だけは、食べてはいけない、触れてもいけない、死んではいけないから、と神様はおっしゃいました。」

蛇は女に言った。

「決して死ぬことはない。それを食べると、目が開け、神のように善悪を知るものとなることを神はご存じなのだ。」

（創世記三章一～五節）


聖書は比喩が多いのですが、蛇とは悪魔の前身のような存在です。悪魔は「世の支配者」（ヨハネによる福音書一四章三〇節）と言われていて、物質面をすべて握っています。物質こそ価値があり神に等しいぞと宣伝するのが悪魔の仕事ですから、エバにその木の実を食べることを勧めます。

エバにはその木の実がいかにもおいしそうに、食べたら賢くなるように見えて、前々から食べたかったのではないかと思います。そのため、アダムから教えられていた「その木の実を食べると必ず死んでしまうぞ」ということを、蛇に「死んではいけないからと神様がおっしゃっていたわ」と言っています。「必ず」がなくなっているのです。これはエバが嘘をついているということで、狡猾な蛇はその嘘を瞬時に見破り、「よし、アダムはダメだったけどエバなら落とせる」と確信し、「食べたら神のようになれるぞ、なれるぞ」と、ぐいぐいエバを攻めます。

ついにエバは禁断の木の実を食べてしまいます。そしてアダムにも食べさせます。そうしたら大変なことが起こってしまいます。原罪の発生です。

原罪の発生とは、人が神との誓いを破ったことですが、なぜ神との誓いを破ったかというと、木の実を食べて自我が生まれたからです。人は神に従っていたのに、自分の考えに従うようになります。アダムが神から聞いたことをエバに伝えて、エバはそれに従っていたのに、エバが蛇に誘惑されて木の実を食べてしまったのです。エバは受け身ではなくなり、能動的になっています。この時点で「女」という役割は消えたと千石さんは言っています。そして人は自分は自分、他人は他人として生きるようになります。

千石さんは、このアダムとエバと蛇のことを、夫が会社に行っている隙にセールスマンが家に上がり込んで、「奥さんは美人だ」とかなんとかうまいことを言って誘惑し、そこに居ついてしまった。つまり奥さんがセールスマンとくっついてしまい、ドアの鍵をかけて夫が帰ってきても入れなくしたと言っています。もちろん、夫がアダムで、奥さんがエバで、セールスマンが蛇（悪魔）ということですけど。

とんでもないセールスマンですが、物を売るのが仕事ですから（悪魔は物質を売り込みます）仕方がありません。問題は誘惑された奥さんですけど、奥さんの心を（ちょっと空虚に）フラフラさせている夫にも問題があります。夫が奥さんの心をしっかりつなぎ止めておけば、こんなことにならなかったかもしれません。アダムとエバのことなど、いまの自分たちには関係ない話だと思っている人がほとんどかもしれませんが、セールスマンの喩えのように、現代に置き換えてみるとわかりやすくなります。

この陥罪事件のあと、原罪を背負ったアダムとエバがエデンを追われどんな暮らしをするかが、創世記三章の後半に書かれています（われわれと同じになっただけですが、かなり悲惨です）。

自我によって他人意識を持つようになったアダムとエバですが、それはわれわれも同じことです。しかし、他人意識を持ったままでは、お互い愛することもなく、愛されることもなく死んでいきます。陥罪前のアダムとエバのような、夫婦一体のしあわせな状態になる、つまりエデンに帰るためには、男が女を自分のこととして思い、愛さなければいけません。男と女の成り立ちからして、それは男にしかできないからです。つまり、男が「俺がお前をこんなに愛しているんだから、お前も俺を愛してくれよ」と言っても無理な話だということです。

神が男をつくられている以上、当然そこには神のご意志があります。つまり、男は女を愛することによって男が願う真実のしあわせが出現するように、み心のなかに決められているわけです。男が女にひかれるのは、男自らのしあわせを希求しているからにほかなりません。次に女ですが、これまた男を愛するようにつくられていると早合点しないで下さい。男が女を愛し、女がまた男を愛する。これはあたりまえだと、思っている人がたくさんおられると思います。しかしこれはもう無茶苦茶で、女が男を愛するということは絶対できんのです。つまり、そのようにはつくられていないんです。それを無理に男を愛そうとすると、女の人はボロボロになります。

（略）男と女の関係はさきほど申しましたように神の絶対意志として、男は女を愛し、女はその愛を受け止める、このようになってるわけです。ここんところをちょっと勘違いして女が男を愛そうとしますと、男から見て女の真の価値が見えなくなってしまいます。女から見て男がどんなにまどろっこしくとも、愛想をつかしたり「私がやらにゃいかん」と思って、愛する側にまわったらあかんのです。　（『隠されていた聖書』）

くどくどとアダムとエバのことを書きましたが、美子ちゃんと喧嘩ばかりしていたころ、千石さんの『隠されていた聖書』を読んで、女は男を愛せないんだと何回も何回も自分に言い聞かせていました。

僕はおそらく、美子ちゃんに愛されたいと思っていたのだと思います。人の中には男性的な部分と女性的な部分の両方がありますが、僕は女性的なところが強いのかもしれません。愛される側が女だとしたら、僕は女になろうとしていたということです。

愛されたい者同士が一緒にいてもうまくいきません。愛するということは、愛されているという意識を持つ者がいて成立します。「女は男を愛せない」とタイトルで断言していますが、極端なことを言えば、男であっても女であっても、愛する者と愛される者がいれば愛は成立するのではないかと思います。

美子ちゃんを自分のこととして摂取する。それが男である僕の役目です。なかなかできないことなのですが、それができれば僕らは「神が結び合わせてくださったもの」（マタイによる福音書一九章六節）になれるかもしれません。

結婚の意味

いまから十年前の二〇〇六年の秋にガンになりました。美子ちゃんと暮らし始めたのが一九九六年の秋だったので、ちょうど十年経ったときでした。二十年の結婚生活（同棲期間も含めて）のど真ん中に、いま思うとガンが記念碑のように立っている気がします。

ガンが見つかったのは、腸の内視鏡検査によってでした。歩いているとちょっとフラフラするので、脳に問題があると思って主治医の先生に相談しに行きました。さっそく頭のMRIを撮ったりしたのですが、脳に異常はありませんでした。先生が「ついでに人間ドックもやったらどうですか？」と言うので、胃と大腸の内視鏡検査も含めた人間ドックを受けることになったのでした。

その検査が終わってから一週間ほどして、主治医の先生から家に電話がかかってきました。僕は会社に行っていたので、美子ちゃんが電話に出たのですが、「大腸に二つのポリープがあったんだけど、一つは顔が悪いんですよね」と先生が言うので、美子ちゃんが

「顔が悪いって、ガンってことですか?」と聞くと「そうです」と言ったそうです。

このことを美子ちゃんから電話で聞かされたとき、「えっ、僕がガン?」と、ちょっと信じられませんでした。世の中にガンが多いことはもちろん知っていました。僕の周りでもガンで亡くなった人が何人かいます。でもなぜか自分がガンになるなんてことは、一度も思ったことがありませんでした。それまで入院するような病気になったことがなかったことと、能天気な性格のせいかと思います。

しかし、それまで自分の体をずいぶん酷使(こくし)していたのは事実です。三十代のころは仕事や不倫で忙しくて、三日に一度は徹夜していました。四十代はギャンブルばかりやっていて、ぶっ通しで二日間麻雀したこともあります。それに、酒がさほど飲めないのに、朝方まで居酒屋にいることも結構ありました。さらに会社でのストレスや、美子ちゃんとのストレスも相当ありました。考えてみれば、ガンになってもおかしくない生活をしていたのです。

主治医の先生の電話から四、五日して、内視鏡で大腸検査をしてくれた先生に会いに行きました。美子ちゃんも一緒です。先生は、八〇パーセントの確率でガンだと言います(ガンかどうかを見分けるのは難しい場合もあるようです)。体への負担が軽い内視鏡で手術する方法もあるけれど、それで取れる大きさかどうかはもう一度検査をしてみないとわからない、それと内視鏡だとリンパへの転移は調べられない、というようなことを先生は言いました。

僕はそれまで、手術というものを一度もやったことがなかったので、お腹を切られるのは怖いなあと思いながら先生の話を聞いていたら、「切っちゃったほうがいいんじゃない?」と美子ちゃんが簡単に言います。「えっ、切っちゃうの?」と思っていたら、美子ちゃんが先生に「切ってください!」と言いました。「まったくもう、人の体だと思って」と思ったのですが、再検査のためにダラダラ延ばすよりは早く入院して、美子ちゃんが言うようにサッサと切ったほうがいいのかもしれません。

その先生はK大学病院で週に三回ほど手術をしているそうで、それだけやっていれば失敗はないだろうと、その先生がいるK大学病院で手術をしてもらうことにしました。

「ガンだと言うとみんな心配するから、このことは内緒にしておこうね」と美子ちゃんが言うので、僕は誰にも言わなかったのですが、美子ちゃんはテンションが上がっているようで、知り合いに「末井がガンになりまして」と電話しまくっていたので、笑ってしまいました。

一ヵ月ほどして、K大学病院の小さな個室が空いたので入院することになりました。

入院の前日、夕食に美子ちゃんは野菜を中心にしたたくさんの料理をつくってくれました。まるで自分が出征兵士か宇宙飛行士にでもなったような気分でした。

入院期間は手術するまでが三日間、手術してからが十日間でしたが、美子ちゃんは毎日病室に来てくれました。「あれあれ」と思ったら、僕が寝ているベッドに潜り込んできて、一緒にＤＶＤを見ることもありました。

手術の日、美子ちゃんは朝八時ごろに来てくれて、手術着に着替えて手術室に向かう僕を「頑張ってね」と言って送り出してくれました。

手術室に入ってすぐ全身麻酔をされて、四時間後に気がついたら、病室のベッドで寝ていました。手術はうまくいったそうです。美子ちゃんに聞くと大腸を十五センチ切って繋ぎ合わせたそうで、ずいぶんたくさん切ったなあと思いました。切り取った部分の大腸はバットに入れられていて、美子ちゃんがそれを写真に撮っていました。その写真はホルモンのようで、先生がわざわざガンの部分をピンセットで開いて見せていました。

術後の経過はよく、腸閉塞にもならず、予定通り退院しました。美子ちゃんが迎えに来てくれて、一緒にタクシーで帰ったのですが、家に入ったら中がものすごくきれいに片づいていました。美子ちゃんは整理・整頓・断捨離がものすごく苦手なのに、よくこんなにできたものだと感心しました。家の中をきれいにしておかないと運気が下がると思って一生懸命やったそうです。もちろん、手術がうまくいくように祈ってということですが。

最初にガンが記念碑のように立っていると書きましたが、それは二十年の結婚生活のど真ん中という意味だけでなく、このガンの手術を境に美子ちゃんも僕もだいぶ変わったからです。

美子ちゃんは、僕がガンになる一年ほど前、「恋愛したい」と言ったことがあります。僕たち夫婦は嘘をついたり隠し立てをしない約束をしているので、恋愛したいと思ったら「恋愛したい」と言います。このあたりが他の夫婦と違っているところだと思いますが、僕たちは千石剛賢さんの、「夫婦の中に嘘が生じたとします。たかがちょっとした嘘ぐらいと思われるかもしれませんが、ちょっとであろうとそっとであろうと夫婦の中に嘘が入り込みますと、もうどんなにがんばっても、その夫婦にはしあわせは絶対におとずれません」（『隠されていた聖書』）という言葉を信じているからです。「絶対」という言葉は、一〇〇パーセントということです。怖いですよね。

しかし、突然「恋愛したい」と言われると、どう答えていいのか困ります。僕は「岡本一平（岡本かの子の夫、岡本太郎の父。岡本かの子の愛人とも同居していた時期がある）になればいいんでしょ」と言ったと思います。見栄を張って言ったのではなく、相手のことをよく知っていたので、恋愛したいんだったらしてもいいという気持ちもありました。

美子ちゃんが（一方的に）恋愛したいと思っていた相手は、劇団・毛皮族の江本純子さんと、銀杏(ぎんなん)ＢＯＹＺの峯田和伸(みねたかずのぶ)くんだったので、「どうなんだろう。無理なんじゃないかなあ」と思っていました。でも、美子ちゃんは自分が思っていることを曲げたり妥協したりしない人なので、「もしかしたら」とも思いましたが、僕も江本さんと峯田くんが大好きなので、その二人となら恋愛してもらっても嫉妬することが少ないのではないかと思いました。

結果的には何ごともなく過ぎていったのですが、そのころ美子ちゃんの心が僕から遠のいていたことは事実です。創世記に出てくる悪魔に誘惑されるエバのように、心がフラフラしていたのかもしれません。

ところが、僕がガンになったおかげで、美子ちゃんの心は僕のほうに向くようになりました。そういう意味で、たとえ初期であったとしてもガンは威力があったと思います。ガンになってよかったと言ったらガンで苦しんでいる人に申し訳ないのですが、病気は必ずしも悪いものとは限りません。あの時期にガンになっておいて、本当によかったと思っています。

僕のほうも、ガンを契機にそれまでの不健康な生活を改めるようになりました。それと、やはり美子ちゃんがいてくれるということが、ありがたいと思うようになりました。そういう双方に心の変化があると、二人の関係もいいほうに変わっていきます。実際、ガン以降は美子ちゃんとあまり喧嘩をしなくなったし、美子ちゃんも前よりイライラが少なくなりました。

この「結婚」を書くようになってから、本を探しに書店に行ったとき、「結婚」という文字が目に入るとその本を手に取って見るようにしているのですが、だいたいパラパラ立ち読みする程度で終わってしまいます。ハウツー書っぽいものばかりで、結婚することのメリットやデメリットは書かれていますが、人はメリットを求めて結婚しているわけではないと思います。もしそうだとしたら、結婚は商取り引きと同じです。そういう物質的というか、外側のことではなく、僕が読みたいのは結婚の意味について書かれている本です。

少し前に書店の雑誌コーナーを見ていたら、「破たん夫婦VS.安泰夫婦」という特集をしている雑誌があって、そのタイトルが強烈だったので思わず買ってしまいました。見ると四十〜六十代の既婚男女にアンケート調査をしてそれを分析しただけの内容でしたが、びっくりしたのは「離婚したいと思ったことがあるか?」という質問に、男性三一パーセント、女性五四パーセントが「ある」と答えていることです。離婚予備軍がかなりの数いるということです。

それは、結婚に過大な期待をしている人が多いということでもあると思います。結婚すると安泰だ、結婚すると楽になる、結婚するとしあわせになれる、そんな自分勝手なことを思って結婚したのだけど、そうはならなかったということです。

しかし、それはあたり前のことです。別々に暮らしていた二人が一緒に暮らすようになっただけのことで、双方が向き合って変わっていかなければ、結婚前と何も変わりません。最初のころはまだ恋愛モードで楽しいかもしれませんが、一、二年もすればただの日常生活に戻ってしまいます。

結婚の意味は「変わる」ことにあるのではないかと思います。自分が変わる。相手が変わる。そして前より楽しくなる。それが結婚の本当の意味であり、結婚の醍醐味でもあるのではないでしょうか。

人はどんなに勉強しても、どんなにキャリアを積んでも、一人では絶対学べないことがあります。それは自分がどういう人間なのかということです。「いや、そんなことはない。自分のことは自分が一番よく知っている」とおっしゃる方もいるかもしれません。確かに、自分の一日の行動も、その日考えたことも、好き嫌いも、一番知っているのは自分です。しかし、自分の本質的なところや、自分の本当の性格などは、自分を映す鏡がないとわかりません。その鏡となるものが、何も包み隠さないで付き合える相手なのです。それは親子でも、友達でもなく、パートナーという存在です。

僕はもともと一人で考え、一人で行動するタイプでした。チームで雑誌の編集をしていても、一人で仕事をしている感覚が強く、そのぶん自分にのしかかってくる重圧がありました。結婚していてもその苦しみを吐き出せないで、一人で悶々としていました。

ギャンブルに狂っていたときは、自分でも何をしているのかわからなくなっていました。疲れるから普通の状態に戻りたいと思いながらも、どこに戻ったらいいのかがわからず、夜な夜なフラフラ町を歩き回っていました。

美子ちゃんと出会って、男と女の嘘のない関係を初めて知りました。それまで嘘ばかりついてきた僕には、嘘のない関係は怖いものでした。どうしようもない自分がどんどん暴かれるので、感情をコントロールすることもできなくなり、よくキレていました。でも、嘘のないことに慣れてくると、こんなに快適なものはないと思えるようになりました。僕は変わっていったのです。

美子ちゃんも変わりました。最初のころは自分がやりたいことをやるという意識が強く、それに逆らうものは切り捨てるような凶暴なところもありました。僕は自分に閉じこもっていることが多かったので、コミュニケーションギャップから美子ちゃんがイライラすることが多く、よく喧嘩をしていました。

そのうち、聖書という共通の指針ができたこともあり、美子ちゃんは変わり、僕もさらに変わりました。日々変わっていくということは楽しいことです。お互いに性格や考え方が極端に違っていたから、逆にそれがよかったのかもしれません。

僕は家事の中でも洗濯物をたたむのが好きなのですが、晴れた日に、窓際で、好きな音楽を聴きながら洗濯物をたたんでいると、ふと「この状態がいつまでも続くといいなあ」と思うことがあります。そういう日常のなんでもないことが楽しくなること、それが「しあわせ」ということなのかもしれません。

対談　他者と虚無のとなりで──高橋源一郎さん

子供は人を正すために送り込まれる

──高橋さんは、何回結婚されているのでしたっけ。

高橋　五回ですね。離婚は四回。バツ四じゃなくて、マル五って言ってるんですよ（笑）。末井さんは、マル二？

末井　マル二ですね。高橋さんは、僕が知っている人の中で、いちばん結婚回数が多いです（笑）。

高橋　あんまりいないですよね。実質的に結婚生活を送っているとかじゃなくて、本当に五回も籍を入れるバカ者はいないってことですよねえ。

末井　律儀ですよね。

高橋　僕からですからね。求められてというより、自分から籍を入れちゃう。ところで、末井さんのこの本のタイトルが『結婚』ってすごいなと思ったんですけど、感想を言っていいですか？

末井　お願いします。

高橋　おそるおそる読みました（笑）。末井さんの書いたものはほとんど読んでますから、ファンですからね。もちろん奥様の神藏さんのことも知ってるし、末井さんは自分のことを包み隠さないで書いてらっしゃるんで、すでに知ってることもあるんですが、まとまって「結婚」というテーマで書かれると、正座して読んじゃいましたね（笑）。

末井　それは恐縮です。

高橋　いくつか発見があったんですよ。「イエスの方舟」の千石さんのことは、神藏さんも書いているし、末井さんもこれまでに書いているので知っていたんですけど、今回は夫婦や結婚のことについて特化して書かれているので、「いいこと言うなあ」と思って（笑）。夫婦のあり方について、本当にその通りだなと思いました。末井さんと神藏さんご夫妻が説得させられて、納得するのも無理がないなって。僕でも千石さんのところに通っちゃうな、と思いました。

末井　あそこは男女関係に特化したところがあったんですよ。集まっている女のひとたちが、わりとそういうことで悩んでいた人が多かったんで、集会でもそのことが取り上げられることが多かったと思います。

高橋　ふつうのキリスト教の人が言うのとは違いますよね。

末井　そうですね。たとえば、セックスのことなんかどんどん言うんですよ。すごいのは、「もし相手がセックスしたいのなら、それで相手が向上するんだったら、させてあげればいい」というようなことも、千石さんは言っています。

高橋　イエス・キリストもびっくり（笑）。もしかしたら、千石さんって蛇か悪魔じゃないか（笑）。どこかで突き詰めているんでしょうね。あと、ぱっと返事しますよね。何か聞かれて、ぱっと答えることができるというのはすごいなと思って。「結婚」の結論部分だと思うんだけど、「夫婦っていうのは嘘があっちゃいけない」ってことですよね、他者だから。本当にそうだと思ったんですよ。末井・神藏夫婦はほんとにすごいなと思って、自分と比較してみたんだけど、僕はああいう考えに至るまでの末井さん状態なんですよ、ずっと。

――神藏さんと出会う前の末井さん状態、ということですか？

高橋 そうそう、あのまんま。ずっと迷ったままなんだよね。いつも逃げ出したいと思ったり、虚無にうしろから抱きかかえられていたり。でも、うちの場合は、末井さんにとっての他者が神藏さんだとしたら、子供たちが他者なんですよ。

末井 あ、それなんですね。

高橋 神様が来たって感じですよ。僕たち夫婦だけだったら、空中分解したかもしれない。他者は僕と妻の間にいる。子供はこっちを理解してくれないし、こっちも理解できないでしょ。以前やった子育てのことはほとんど覚えていないんです。子育てのことも理解できていなかったし。今回は五十歳を過ぎてからの子育てだったから、ものすごく覚えているんです。

末井 それだけ大変だったたっていうことですよね。

高橋 死ぬほど大変だった。もう夫婦関係の大変さとかどうでもいいくらい（笑）。

末井 体力も必要ですしね。

高橋 神藏さんと末井さんも大変だっただろうし、僕も妻とのことではいろいろ大変だったんだけど、今回はその大変さをはるかに上回る大変さですよ（笑）。彼女は体調を崩してあまり育児ができなくなったことがあったんで、そのときは僕がやったんですよ。五十歳を過ぎて、ほぼ同時に二人ですよ。本当に死にたくなったから（笑）。

末井 わかります（笑）。

高橋 睡眠も取れないし、マジで子育てなんて無理ってなった。どんな仕事より、子育てをする専業主婦のほうが大変ですよ。仕事のほうがよっぽど楽。三歳か四歳くらいまでは、関係がうまくいっていない夫婦のようなものだから、かわいいとか思う余裕はないですね。もちろん、かわいいんですよ。でも、風邪引いたから病院に連れて行かなくちゃとか、病気だと寝なかったりするから、二人を抱えて一晩中起きていたりとか。ベッドに寝かすと起きちゃうから、抱えて歩き回ったり。「これ、なんだろう?」って。不条理の極みでしょ(笑)。

末井 奥さんはどうしてるんですか?

高橋 奥さんはそのときは、倒れて寝てるわけですよ。最初は本当にキツかった。ところが、ある日、それが逆転した。言葉を憶え始めたぐらいから、メッチャおもしろいってなって。この子たちは、なんのために生まれてきたのかって思ったんですけど、親を教育するために生まれてきたんですよ。混沌としてどうしようもない親を正常に立ち戻らせるために(笑)。当人たちは無意識なんですけどね。

末井 そう感じるってすごいですね。

高橋 これは以前に書いたんですけど、僕は親との関係があまりうまくいかなくて。両親ともに七十六歳で亡くなっているんですよ。二十年前と十四年前に亡くなっているんですけど、せいせいしたって思ってました。末井さんの親もでしょうけど(笑)、うちの親もどうしようもなくて。

末井 僕は父親が死んだときは笑ってましたね(笑)。

高橋 僕の父の場合は、家父長的な父親の典型でね。鉄工所の社長だったんですけど、潰してしまって。かなり可哀想な人ではあるんですけどね。お金があるとギャンブルやっちゃうし、子供のものも嘘ついて質屋に入れちゃうし。友達から借りた8ミリカメラが、家に帰るとないんですよ。「どうしたの?」って聞くと「修理に出した」って。戻ってきたことがない(笑)。

末井　それもギャンブルに遣われてるんですか？

高橋　そうです。

末井　ギャンブルの人はそうですよね。とにかくお金があるとすぐギャンブルやっちゃう。

高橋　そうなんですよ。だから僕の弟はギャンブルをやらないんですよ。それで僕のことを変な目で見てる（笑）。「あんな父親だったのに、なんでやってるんだ」って。弟は結婚も一回だけなのに、僕は結婚を五回もするし、ギャンブルもするし。

末井　ギャンブルは競馬以外もやっているんですか？

高橋　昔はやっていたんですけど、体力がないんで。競馬はいまでもやってますよ、毎週。

末井　競馬は、仕事みたいなものですよね。競馬番組にも出ていたし。

高橋　それは言い訳ですけどね（笑）。それで、父親と母親が亡くなったときも、悲しくなかったんですよ。みんな泣いているのを、「へー」って何の感慨もなく見ていました。母親が亡くなったときは、弟も泣いているし、当時の奥さんも泣いていたんだけど、それをまた「へー」って眺めてるだけ。ひどいやつだなと自分でも思いました。そしたら、長男が五歳ぐらいのときに、洗面所で歯磨きをさせていたら、鏡に父親が映ったんです。「化けて出たのか？」って思ったら、自分だった（笑）。びっくりするくらい、顔がそっくりになってた。毎日見ていたんだけど、気づかなかったんですね。ほんとに父親の顔なんですよ。じゃあ、鏡に映っている父親が歯を磨かせている子供は誰なんだろうと思ったら、それは僕、ってことなんですね。その瞬間、父親の優しかったときの記憶を思い出して泣きました。父親が死んで十年以上経って、初めて泣いたんです。そのとき、この子はなんのために生まれてきたんだろうと思ってきたけれど、実はそれを教えるためにやって来たんだって気づいたんです。子供が生まれてからは、書くものも変わりました。末井さんも、神蔵さんと結婚してから変わったでしょ？

末井　まったく変わりましたね。

高橋　僕もそうなんですよ。たとえていうと、虚無を見つめて書いていたのが、子供を見て書いているんですね。書いているときの感じがだいぶ違う。子供がいて気がついたことはいっぱいあるんですけど、何より神様の贈物でやって来たんだなと思います。人間というものはもともとみんなダメな存在だから、子供を送り込んで正道に戻すんだなって思いました。千石さんが言っていたのは、こういうことなんだろうなって思いました。それは、夫婦二人でもできることなんだろうけど、僕はちょっと夫婦ではできなかった。たぶんいまでもできていないですね。

末井　イエスは他者というか、すべての人を愛する存在じゃないですか。同じじゃないんですけど、それに近いのが親子の関係じゃないかって、千石さんは言ってましたね。子供のために自分が犠牲になってもいいっていう気持ちになれる。子供以外では、なかなかそれができないっていうか。

高橋　妻のために生きてくつもりはあまりないですね、僕も（笑）。イエスが犠牲になるっていうのは、「子供のために犠牲になる」と翻訳するとよくわかりますね。

末井　すべての人を子供のように見ていたってことでしょうね。

高橋　ですね。子育てをしない父親は、なかなかそれに気づかないでしょうが。

セックスのときに相手の名前を間違えてはいけない

末井　僕は子育てができなかったんですね。子供をつくろうと努力したこともあるんですけど、失敗に終わりましたから。いまは猫がいますけど、猫はどうも……。

高橋　猫は違うでしょう（笑）。あれも他者としての存在なんだけど、猫のために犠牲になれるかっていったら、ねえ（笑）。

末井　美子ちゃんは気まずいときに、僕に言うことを猫に話しかけるっていう、猫を媒介にするというのはありますけどね。

高橋　でも、猫が子供のようになることもありますね。人の名前の呼び間違いってあるじゃないですか。末井さんもあると思うんだけど、付き合っている彼女の名前を奥さんに言っちゃったことってない？

末井　ないですね。

高橋　まったくない？

末井　ないですよ。それほどグジャグジャになってないから、僕は（笑）。

高橋　僕は人生で二回あったんですよ。一回目は、「聞き違い」ってことにしました（笑）。もう一回は気まずいことになったんで、それからは相手の名前を言うときには一呼吸置いて確認するようにして（笑）。

末井　どんなときですか？

高橋　ふだん何げなくってときもあるけど、あと、エッチしてるとき、違う名前が出ちゃう（笑）。それはヤバいでしょ（笑）。あと、子供に対して、まったく違う名前で呼んだことがあるんですよ。長男は「れんたろう」っていって、「れんちゃん」って呼んでいるんですけど、生まれてすぐのときに「ヘンリー」って言っちゃったんですよ（笑）。

末井　誰ですか、その人？

高橋　以前、飼ってた猫（笑）。奥さんが「誰、その外人？」って言うんで、「前飼ってたアビシニアンの名前」って（笑）。相手に呼びかけるっていうのは、その固有名を呼ぶと同時に、その位置にある人に呼びかけるわけだから、猫が子供の位置だったんですね、たぶん。「猫が子供みたいだ」っていうのはあるなと思いましたね。だから、三回か、名前を間違えたのは（笑）。最後のはかわいいけど、あとは気をつけないとね。

末井 気をつけないと大変なことになりますよ（笑）。

高橋 末井さんのところは子供がいないけど、これを読んでいたら必要ないのかなとも思いました。

末井 そう思ってるんですよ。うちの前が保育園なんです。毎朝、子供の声で目が覚めるんで、そういうとき、子供のことを考えることもあるんですけど。

高橋 ま、おもしろい存在ですよね、子供は。『結婚』を読んでいると、「結婚」という事柄には、僕たちをあるきちっとした位置に戻す作用があるということだと思うんですけど、末井さん夫婦はそういうことができたけど、普通はなかなかできないと思うんですよね。

末井 僕にとっていちばん大きいのは、「女は男を愛せない」っていう千石さんの言葉ですね。アダムとイブの話までさかのぼるんですけど、あれが頭にあるから、けっこう我慢できるようになったんですよ。何か理不尽なことを言われても、「どうせ愛せないんだ」って（笑）。男はひたすら女を愛することが栄光だって千石さんは言っているんで、それに則ればたいがいのことは我慢できるっていうか（笑）。

高橋 確かに、愛せないんだよねえ。別物なんですよね、好きとか嫌いとかじゃなくて。「女は男を愛せない」っていうのは、しみじみとそうだと思いますよ。

末井　キリスト教ではそういうことは言ってないんですけど。

高橋　千石さんの解釈なんでしょうね。

末井　聞いていると、理に適ってるんですよ。「創世記」のアダムとイブの話から、想像力であれだけの話に持っていくのは。飛躍してるといえばしてるんですけど。

高橋　でも、「創世記」を読むと、もはや千石さんの解釈で読んじゃうからね。

末井　そうなんですよ。でも、「神の合わせたまいし者」になるのは、なかなか難しいなって。

高橋　末井さんも神藏さんも、突き詰め方が半端じゃないでしょ。

末井　僕よりも神藏のほうですね。僕はいい加減なところがあるから。

高橋　いやいや（笑）。末井さんの文章はシンプルで、丁寧でしょ。でも、あれって自分を追い込んでいくよね、嘘がないから。僕は、ああいう文章を書けない。嘘になっちゃうから。

末井　それはありますね。自分の首を絞めちゃうようなところは。

虚無に引かれる

高橋　末井さんは、いまいくつ？

末井　僕は六十八歳だから、高橋さんとは三歳違い。

高橋　でも、若々しいね、末井さん。

末井　でも、セックスはもうなくなりましたねえ。どうですか？（笑）

高橋　迷ってますね（笑）。子供たちは、僕が抱えている虚無を正しに来てくれているんですけど、完全には正してくれないところがあって。僕がずっと小説を書いているのも、虚無みたいなものを埋めるにはほかに手段がなくて。それがセックスだとしても、そんなもので埋められないんだよね。

末井　最中はいいけど、終わるとね。

高橋　終わると、余計にさみしくなる（笑）。そういうのがだんだんなくなっていけばいいなと思ったんですけど。

末井　そういうこともふまえて、人間はできてるような気もしますね。だんだん抜けていくというか。

高橋　なかなか抜けきらないんじゃないですか（笑）。まあ、僕の場合は腰痛がひどくてそれどころじゃないんですが（笑）。

末井　週刊誌なんかを見ると、「七十歳を過ぎてこそ！」みたいなセックス特集をしてますけど、なんでまたそんな苦しみを背負わないといけないのかと思ったり（笑）。

高橋　嫌といえば嫌なんですけど、好んでるところもあると思うんです、虚無が近くにあることを。すっきりしたらしあわせかっていうと、どうでしょうね。セクシュアルなことを抜けて、自分をきちんと見つめて粛々と書いていくというのに、どこかで抵抗してるんですよ。僕は自分を、地下に引っ張ってくれているものがあるのは嫌じゃないんですね。その場その場では疲れるし、大変なことになるし、満足を得られることもないし、年齢的にキツくなってくるし、いいことは何もないんですけど、その徒労感に引かれる。

——その虚無が作品を書かせてくれる、みたいなところもあるのでしょうか？

高橋　別かもしれないけど、ある共通の何かはあるな。僕は小説を書くんだけど、「嘘じゃないか？」って思いながら書いています。それはフィクションっていう意味じゃなくて、誤魔化してるんですよね。でも、その誤魔化してるなかでも、読む人をなるべく遠くに連れていきたいって思っています。「嘘くさいな」っていうのがずっとつきまとっていて、でもそれも嫌じゃない。そういうのが、虚無が持っている性質だなって。虚無を深淵とみると、飛び込みそうな死への誘いと思っちゃうんだけど、その誘いが実は底が浅い。その浅さが、僕にはふさわしいっていう気がします。いま六十六歳で、もうちょっと悟ってくるかなあと思ってたんですけど、そんなことないですねえ(笑)。根本的に高校生ぐらいから変わってない。

末井　悟りみたいなものは、ないですよねえ。ただ、「まっ、いいか」みたいな気持ちになったりしますね。昔だったら許せないことも「まっ、いいか」みたいな。

高橋　それはありますよね。あと、さっき話したけど、子供に教えてもらうことで、親との和解ができたとか。そういう意味では自分の世界が広がっていくんだけど、そのすぐ裏に浅い虚無があって。それはまったく変わらないんで、どうもこのままいくのかなって。

仲のいい家族に自分がピースとして組み込まれたい

——最初の話に戻りますけど、高橋さんはいつも「結婚」というかたちを取られてるんですよね。

高橋　なぜだろう？　って前から思っていたんですよ。僕の両親は初婚だし離婚もしてないので添い遂げたかたちになってるんですが、晩年は別居していた。物心ついたころからケンカしてて、父親が家父長的で旧い人で、ギャンブル、酒、女癖が悪い。おまけに、嘘つき。いちばんひどいのは、厳しい状態になると、逃げる(笑)。会社つぶれたときと、クビになったとき、行方不明になる。

末井　夜逃げってのはありますけどね。

高橋　夜逃げはみんなでするんですけど、そこか輪血してもらいたくないですね。

末井 まあ、父親はそういう人で、何かあるといなくなって、ほとぼりが冷めたら突然現れる。僕と弟が母親の実家にいたら現れて「さぁ、帰ろう」って。「どこに帰るんだよ」って子供心に思いました。母親もすっかりあきれて「別れたい」と言ってたんだけど、なかなか別れられなくて。末井さんは、神藏さんと一緒になるときに家出したじゃないですか。母親も家出したんですよ、家出というか勝手に引っ越した。父親が仕事に行ってる間に、トラックを横付けして。僕が大学一年のころに弟が「母親が出るって言ってる。そろそろ決行する」って聞いていたんです。で、そのころ付き合っていた最初の奥さんになる人を連れて大阪に帰ったら、家の前で大モメしていた。黙って引っ越そうとしてたら父親が帰ってきちゃったんです。父親と母親と弟が口論してい

高橋 ら一人でまた逃げちゃう(笑)。「パパは?」って聞いたら「どっか行っちゃった」みたいな(笑)。頼る人もいないから、釜ヶ崎のドヤに行って血を売って、その金で競輪に行くっていう。どうしようもないでしょ。最低ですよ(笑)。

末井 この前、マンガ家のつげ忠男さんと対談したんですけど、あの人は十代のころ売血者が行く血液銀行に勤めてたんです。

高橋 あれね、悲惨なんですよねえ。血が薄いと売れないし。

末井 しょっちゅう売ってると、薄くなっちゃうらしいですね。検査で落とされる。

高橋 「これ以上売ったら死んじゃいますよ」って言われて「死んでもいいからお願いだから買ってくれ」みたいな。それがあまりに恐ろしいから献血に変わったんですよ。売りに来ている人たちを見たら、怖いですよ、そんな血(笑)。

る横で、引っ越し業者が困って立ってる（笑）。そこに僕が彼女を連れて帰ってきて、泣いている母親に、彼女が「はじめまして」って挨拶したりして（笑）。で、結局、僕と父親が話し合うことになって、「あんたのおかげでいろいろひどい目に遭ったんだ」って初めてきちんと言ったら、「わかった。出ていい」ってなったんです。それでとりあえず別居生活になりました。そういう父親と母親を見てるから、結婚生活はいいものではないっていう刷りこみがあったんです。でも、友達の家に行くと、やさしいお父さんとお母さんがいて、仲よさそうに見えるし、「なんでウチだけこうなんだ」「こういう家だといいなあ」ってずっと思ってました。だから、きちんとした家庭、結婚生活というのに強い憧れがあったと思います。普通にしあわせに暮らした家の子だと違うのかもしれないけど、失敗した結婚をずっとライブ中継されていたので。僕は女の子と付き合うと、かならずその家に入り込んでお母さんと仲よくなるんです（笑）。というか、彼女よりもお母さんと仲よくなっちゃう。「この家に入りたい！」っていうオーラを出してるからじゃないですか（笑）。

末井　いま、お母さんと高橋さんは、あまり年が変わらないんじゃないですか？

高橋　いまはね（笑）。最初の結婚のころは、僕と彼女は同い年だったですからね。僕の結婚のイメージは、仲のいい家族に、自分がピースとして組み込まれているというものなんですよ。

末井　僕もそれは感じますね。「入った」って感じがするんですよ。毎年お正月に神藏家の家族新年会っていうのがあって、みんなでレストランで食事して記念写真を撮って。その写真を見たら、一人だけヨソ者がいるんです（笑）。でも、なんとなく迎え入れられている気がするんですよ。

高橋　それがいいんだよねえ。

末井　僕も家庭というのが無茶苦茶だったので、前の結婚のときは家庭をつくるっていうことができなかった。子供がいなかったっていうのもあるかもしれないけど、家庭のイメージがなかったんですよね。テレビで仲のいい家族が出てくるのを、つくりごとだと思ってましたから。

高橋　疑っていたんだ。僕は逆に「これだ！」って思ってました。だから彼女と付き合って「家来る？」って言われるとすぐ「行く行く！」って言いました。

末井　僕は行きたくなかったですね。あと、男友達が結婚して、その家庭を訪ねるのもダメだった。よその家庭にお邪魔しても居づらいわけ。

高橋　そこだよね、僕と末井さんの違いは。僕なんか、スポッと入っちゃう。

末井　いまは僕も入れると思うんですよ。やっとぼくも高橋さんみたいになれた（笑）。

高橋　僕のしあわせ感は、憧れの家族のピースになっているっていうところにあるんですよね。

末井　そこにいることの違和感みたいなのはないんですか？

高橋　ないない。ぴったしでいい感じ（笑）。妻の実家に行って、そこに僕も入ってというのはいい感じなんだけど、二人が住んでいる家に戻ると、急にシーンってなる（笑）。

——すでにでき上がっている家族に入るのはできるけど、二人でつくるのは難しい？

高橋　そう。あの状態には、どうやったらなっていくんだろうと思ってて。いつも途中で挫折してましたね。

末井　全員一緒に住んでもダメですか？

高橋　いまから考えれば、そうすればよかったのかも。実はいまはそんな感じなんですよ。いま僕は鎌倉に住んでいて、彼女の実家のそばなんです。

末井　じゃあ、行ったり来たりしやすい。

高橋　ええ。子供たちはいまは寮に入ってて、週末に帰ってくるんですね。それで、妻の実家でお母さんが晩ご飯をつくってくれてみんなで食べる。妻がいるときは、妻もお母さんと一緒につくってる。でも、彼女が東京に自分のアジトをつくってそこで仕事していて、ぼくは鎌倉の家で仕事しているので、お母さんといちばん一緒にいるのは僕なんですよ。年も三つしか違わないから、お母さんとのほうが夫婦みたい（笑）。僕の妻なんだけど、娘が帰ってこないみたいな感じで。「いつ帰ってくるんですかね」「いつなんでしょうね」っていう会話をお母さんとしている（笑）。それが安定的状態なんですね。

末井　いいのか悪いのか（笑）。まあ、うまくいってるといえばうまくいってる。

高橋　拡大家族みたいな感じ。すごく落ち着くんですね、これが。これを望んでいたのではないかっていうぐらい。夫婦にはいいところも悪いところもあるけど、いちばん難しいのが、向かい合わなくちゃいけないことでしょう。でも、子供がいれば関係が三角になる。父と子供の線もあれば、妻と子供の線もあるし。おばあちゃんがいればさらに線が増える。夫婦だけだとその関係しかないから、お互いジッと見てなくちゃいけない。関係を複数つくっちゃうほうが健康かなって思うんです。子供やほかの家族とも向かい合わないといけないし、猫とも向かい合わなくてはいけない（笑）。そうすると、夫婦の関係も変わってくるんです。いろんな関係を見て夫婦に戻ってくると、やさしい表情になるのかなって。ぼくが拡大家族というか、大きな家族がいいなというのは、そういうのを感じているからだと思うんです。でも、それを一対一からつくろうと思ったら、つくる前に破綻してた(笑)。

末井　偶然というか必然というか、拡大家族ができてよかったということですね。

高橋　最初は二人で鎌倉に住んでいて、それから東京に出てきて、あちこち引っ越しながら子供を育てたんですけど、だんだんキツくなってきて、鎌倉に戻ってきたら大家族みたいになって、いい感じになってきたかなって思います。家族のかたちも、夫婦のかたちもいろいろありますよね。向かい合うのがいちばん正しいのかもしれないけど、正しいがいいことなのかどうかはわからない。向かい合うっていうのは、千石さん流に言えば、他者であることを知るっていうことだと思うんだけど、それは本当に厳しいものなんだよね。誰もがみんな強いわけでもないし、どっちかというと人間は弱いものだと思うんです。他者と完全に向かい合うのは大変だけど、それをそっと横から支えてくれるものがあればなんとかなるんじゃないかなと。さっき「子供は神様の使いじゃないか」って言ったのは、人間が弱いからなんですよ。向かい合っていると危ないから、神様が第三者を使わした。で、「こっちを見てなさい」って。子供を見ることも、他者を見ることなんだけど、夫と妻という個人同士が向き合うのとは違うんですよ。弱い人間でも、他者と向かい合うことができるという、そういうことなのかなと、子育てをしてから学びました。

末井　そういうふうに受けとめる高橋さんがいるからですね。子供が産まれたとしても、そうじゃない人はいっぱいいますから。

高橋　こんなにおもしろくて、こんなにすごいのに、有効活用しないと損ですよ、ほんと（笑）。でも、本当は夫婦でもそうなんですね。こんなに豊かなものになり得るのに、お前は向き合ってないじゃないかと言われると粛然とするしかないんですけど（笑）、人にはできないこと、向いてないことがある。これは甘えで言ってるわけじゃないんですけど、何もかもできる人はいいんですけど、できない人はできるところを探すしかないんですよ。何にもできないのは悲惨ですけど（笑）、できるところがあったら、そこで頑張る。

末井　子供との関係を別のところに広げていくということもあるのかもしれないですね。

高橋　そうですね。僕は二〇〇四年から大学で教えていて、二〇〇五年に長男が生まれたんだけど、〇歳の赤ん坊と十八歳の若者を同時に見ることになった。そしたら、同じなんだよね。教えるんじゃなくって、勝手に学んでいくし。子供が僕に教えてくれたことから、僕が子供に教えたことを引くと、僕の黒字なんです。僕が気づいたことのほうが多いから。僕は育ててるだけだから、子供は僕から何も教わっていない。だから、僕の黒字なんですよ。ということに、大学で教えていて気がついたんですよ。僕は作家なんで、大学でも知識を教えるわけではない。そうすると、生徒との関係も対等で、教えることにはならない。こっちでも、僕のほうが黒字（笑）。

末井　それはいいですね、給料をもらって（笑）。

高橋　そうなんですよ。「教えよう！」「育てよう！」になっちゃうとうまくいかない。書くことも一緒で、自分で書いて「これいいだろう！」と思ってもね、読者がどう受け取るかわからない。読者は賢いから、「届けよう！」とか思っても届かないですから。自分の無力さを悟れば悟るほど、いい感じになる（笑）。

末井　自分のことを無力と認識するのが大事ですよね。

高橋　「できる」と思っちゃう人だと、相手との関係もなんとかしようとしてしまうんだろうけど、そんなことできないんですよ。無力だってわかると、やれることが限られてくるんで「これくらいはやれるかな」って思うようになる。こういう認識が二十歳くらいにあったら、五回も結婚してないと思うんですけど（笑）。

生きているのも死んでいるのも区別がつかない

高橋　僕はあるときからほとんど妻と喧嘩してないんですけど、喧嘩の理由で、いちばん大きいのはなんだかわかります？

末井　それは、エゴじゃないですか？

高橋　あのね、実は理由はほとんどないんですよ。裏切ったとかだと別ですけど。いちばん多いのは、「〇〇するって言ったよね？」「いや、聞いてないよ」「言ったでしょ！」っていうやつ（笑）。それで理由を知りたくて大脳生理学の本を読んでみたんだけど、人間は自分が言ったことの九十パーセント以上は忘れているそうです。自分で覚えようと思ったこと以外はほぼ完全に忘れてるんだって。

末井　怖いですね（笑）。

高橋　人間はそもそもそういう生き物なんだそうです。だから、「言ったでしょ！」って言われたら、「忘れちゃった。ごめんね」って言うようにしてます。向こうが「聞いてない」と言ったら、忘れたんだと思って「わかったわかった。言ってなかったかもしれない。ごめんね」って言うようにしたら、ほとんど喧嘩がなくなった。

末井　じゃあ、ほとんどそれだったんですね。

高橋　そう、それしか材料がなかった。これはコロンブスの卵でした。

末井　ぼくは喧嘩というのが、すごく苦手だったんですよ。子供のころ、親が夫婦喧嘩ばかりしてたんで。だから喧嘩は避けたかったんだけど、神藏は僕が人格崩壊を起こすところまで言うわけですよ。それをやってるうちにだんだん慣れてきて、僕もキレることにしたんです（笑）。

高橋　それまでは打たれっぱなしだったのに（笑）。

末井　最初は口をきかなくなったり、ときには物を投げたりしてたんですけど、僕もキレて怒鳴ったりするようにしたんですよ。そしたら、それが気持ちいいんですよ。喧嘩が終わったあとスッキリしてるし。

——高橋さんと逆ですね。

高橋　打って出る派と、収めてしまう派（笑）。

末井　神藏は、相手がキレることに慣れてるんですよ。たぶん、坪内さんもキレたんじゃないかと思う（笑）。こっちもキレていいんだと思うと楽になりました。

高橋　中間がいけないんだよね。主張したいような、喧嘩したくないような。どっちかに決めればね。

——でも、お二人は真逆のように見えて、虚無に向き合っていたり、似ているところもありますよね。

末井　僕はね、虚無が頭のあたりにふわふわしてるんですよ。子供のときから、あるような気がして。聖書でいう死っていうのは、こういうのじゃないかと思ってるんですよ。死を肉体が滅んでしまうことと考えると、意味がわからない部分も多いんで。

高橋　いつか死ぬなとは思っているけど、それがいつかはわからない。いつかやってくる終わりが仮想のものとしてあって、それに見られてるし、自分もそれを見てる。死んだら全部終わりなんですけど、それまでそういうものがなくならないから、生きているっていうのは中途半端な状態ですよね。生まれる前と死んだ後は絶対的なものがあるけれど、その間はもろい。そういうものの象徴として虚無があって、「ここにいるよ」って僕に言ってくるわけですよ。かっこよく言うと、「メメント・モリ（死を忘れるな）」ですね。でも、いつも考えているとノイローゼになっちゃうから、どうやって解決しているかというと、ふわふわしたものとして、そのあたりに置いてるんです。ときどきそれが目に入ると、何かが僕たちの中から出てきて、おかしなことに走ったりする。それで不倫で解消したり、セックスで解消したり、書くことで解消したり、ギャンブルで解消したり、酒で解消したりする。そして、そのときだけ一瞬は「消えた」と思うんだけど、しばらくするとまたふわっと出てくる。でも、これがいなくなるということは、生きてないっていうことだよね。そう考えると、死の象徴だけど、生の象徴でもあるような気がするんです。虚無が見えないっていうのは、もはやエネルギーがないっていうことだから、しょうがないんだよね。これが年をとると枯れてきたりするのかなと思って。だから、八十歳とか九十歳の人が書いたものを読むのが僕は好きなんですね。自分が生きているのかもはや死んでいるのかわからないって書いてあるのを読んで、「こういう感じか。これ、いいなあ」って（笑）。晩年の鶴見俊輔さんや多田道太郎さんの書いたものを読むと、同世代の友達や知人がどんどん死んでいくんだけど、「どうも死んだ気がしない。記憶の中にもはっきり存在している。生きている人のほうがよくわからないこともあるので、生きているのも死んでいるのも区別がつかない」って書いてて、楽しそうだなあって思うんです。虚無という感じではなくなっているのかもしれないんですね。いまは虚無が出てきてもがいているんだけど、それは生に強い執着があって、生と死を区別しているからでしょう。生と死が区別できないって、楽しそうじゃないですか。そういう状態が待っていると思うと、未来は明るいね（笑）。

末井　死んだらおしまいって思っているのも、洗脳されているのかもしれませんね。死者とも仲よく。いいですね（笑）。

高橋　いいよね（笑）。死なないんじゃないかっていう気もしてくる。

末井　千石さんは、最後のほうの集会では「人間は死なない」しか言わなくなったんですよ。その一年後に死にましたけど（笑）。でも、死ななかったと思うんですよね。死の概念が頭に入ってくると死になっちゃうんだけど、死なないって本当に信じ込むと、死なないのかもしれない。

高橋　岩波文庫の背表紙を見ると、たいていの著者は死んでいるじゃないですか。でも、プラトーンでもソクラテスでもシェイクスピアでもドストエフスキーでも、読むとすごくいい。で、誰とは言いませんが、生きている人の書いた文庫を読んだりすると、岩波のほうがおもしろいわけですよ。死んでいる人が書いていることのほうがおもしろくて、生き生きしてる。どっちが死んでいるかっていうと、ねえ（笑）。シェイクスピアなんか、こっちが何か言ったら反応してくれそうだし。生きているのと死んでいるのをどう区別するかっていうと、おもしろい作品を書いている人は生きているし、つまらない作品を書いてる人は生きていても死んでいる（笑）。

末井　お前はもう死んでいる（笑）。

高橋　生命はあるかもしれないけど、生きているっていうのは、そういうことをいうわけじゃないから。だから、このものすごくおもしろいものを書いてる人たちは死んでいないし、だから死んだらおしまいっていうのは、末井さんも言ったけど単なる洗脳だよね。存在しているものしか見ないから。政治の側で政策を決めるときも、死んでいる人間のことは忘れてるし、これから生まれる人間のことも無視する。

末井　死んだらおしまいってことから、商売は発生しますからね。死を宣伝しないと商売にならないから（笑）。延命治療なんて金かかるらしいけど、あれも死を売りものにしているわけだから。

高橋　だから、そんなに死と生は遠くないかもしれない。われわれは騙されているのかも（笑）。そう考えたほうが実感としてはリアルですよ。

末井　十年ほど前は、「死ぬのを見送るのは嫌だから、私より長生きして」って神藏から言われてたんですよ。僕は「頑張って生きます」って言ってたんだけど、最近は現実的になってきて、僕が「死んだあとどうしよう」みたいなこと話すようになってますけど（笑）。

他者と向き合うということ

――実は、この対談では、高橋さんにこれまでの修羅場体験を伺おうかなと思っていたりしていたんですけど。

高橋　しましょうか？（笑）　僕は家出を二回してるしねえ。でも、修羅場の話をしても「大変だったね」で終わっちゃうからね。

末井　『私生活』にも書かれていましたけど、ワープロを背負って家出ですよね。

高橋　当時のワープロは本当に重くて（笑）。プリンターも持っていったんだけど、ワープロは二十キロ、プリンターは十五キロだから。

末井 昔はそうでしたよね。

高橋 家の外でタクシーを待ってるんだけど、タクシーも来ない（笑）。それは二回目の家出のときで、一回目の家出のときは、奥さんが留守の間に引っ越したんですよ。

末井 突然？

高橋 そう。奥さんが帰ってきたら、僕の荷物がすべてないっていう状態。でも、この二回の家出の間には、一年しか時間が経っていない。

末井 「死ぬかと思った」って書かれてましたけど、そうでしょうね（笑）。

高橋 一年に二回も家出してたらね。胃潰瘍にもなったし。出血して、一週間ぐらいタール便が出て。で、だんだん気持ち悪くなって、貧血もひどくなって、あまりに具合が悪いんで、病院に行こうとしたんですよ。タクシーに乗ったんだけど、世界がモノクロに見えてきて「やばい！　これ、死ぬわ」と思って。で、病院の受付に行って「体調がひどいんです」って言った瞬間に倒れた。しかも、真うしろに。あとで聞いたら、入ってきた僕の様子があまりにも変だったんで、看護師がそっとうしろに回っていて、倒れた瞬間、支えてくれてたみたいで大丈夫だったんだけど。血圧を測ったら、上が五十で、下が四十みたいな。血の四割が流れ出たんですね。一度に出るんじゃなくて、一週間かかって流れ出たからなんとかなったんだけど。医者からは「あと数時間遅れてたら死んでましたよ」って言われて。胃潰瘍って一日でなるんですってね。ほかにも胃潰瘍になった跡があったみたいだったんだけど、そのときのは動脈の上にできて、それで血が流れ出したみたいです。

末井　それ以降は、病気はしてない？

高橋　腰痛、首痛、肩痛（笑）。

末井　もの書きは仕方ないですね。

高橋　それ以降はそういうストレスがないのかな。で、三週間くらい病院にいて、どんどん輸血して動けるようになったんだけど、奥さんから携帯に電話がかかってきて。モメて二時間ぐらい話をして終わったら、また出血した。

末井　体は正直（笑）。

高橋　自分でも出血してるのが、わかるんですよ。血圧が下がって心臓が急に早く打ち出すから。

末井　最終的には手術したんですか？

高橋　いや、薬だけで治しました。そのあと人間ドックに入ったときに、胃潰瘍の跡も見てもらったんだけど、「よく治りましたね。これは即手術ですよ」って言われて。「薬で治そうなんてそもそも診断が間違ってる。クリップ手術をしないと助からない。ヤブ医者だよ」って言われた（笑）。まあ、その後は胃潰瘍にはなってないですけど。

――ストレスもなく？

高橋　ストレスは、ほとんどない……かな？

末井　いまは拡大家族ですしねえ。

高橋　締め切りはあんまり守らないけど（笑）。競馬も外れるけど、まあしょうがないし。

末井　若い学生さんとかとも一緒だし、それもいいですよねえ。

高橋　忙しいのはストレスにならないし、眠れないのもまあそんなにストレスにならない。確かに、虚無はすぐ横にいるけどね。でも、虚無もストレスではなくて「いるね」っていう感じですよ。末井さんはストレスありますか？

末井　僕は会社を辞めてから、本当にストレスはなくなっちゃったんですよ。会社に行っても何もしなくて机に座ってただけだったんですけど、それが逆にものすごいストレスだったんで。

高橋　僕はストレスよりも、「大変だな」っていうときはあります。でも、「大変だけど、やるか」ってなっちゃうから。頑張ってもできないことはあるよね、っていう感じです。

末井　ストレスがなければ少々大変でも。

高橋　客観的に自分がどういう人間かということを把握できるようになったんですね。自分という人間の取り扱い方は、六十六年も生きてますからね、こういうことをしちゃうな、こうしておけば暴発しないなということはわかります。まあ、めんどくさいですけど、それはストレスじゃないですね。ストレスを感じるのは、どこかその処理の仕方がおかしいんだろうね。やれないことをやってるということだから。やれないことをやっちゃダメだね。

末井　もとから断たないと（笑）。

高橋　そう。無理なことをやってストレスっていうのはおかしいよね。自分のキャパシティにふさわしい小さいスペースでやっておけばいいんですよ。できなかったら、すいませんだし。でも、末井さんの『結婚』のような文章はなかなか書けないね。島尾敏雄夫妻以来じゃないですか。島尾夫妻はおもしろいからなあ。スケールがデカイから。近代文学の極北だし。どうせ夫婦喧嘩するなら、あのスケールだなって（笑）。

末井　恐ろしい感じがしますよね。文学のためにあそこまでできるっていう。

高橋　あれは僕にはない発想ですね。すごいものを見たっていう感じがするでしょ。

末井　ああやって我慢するのも文学だから。

高橋　無理だよね。ふつう我慢できないよね（笑）。じゃれ合ってるのか殺し合ってるのか。ああいう例が極北にあるから、それと比べると、自分はこの辺でいいやって安心できる（笑）。『死の棘』は戦後文学ナンバーワンですね。みんなのために書いてくれたのかなという気がしますね。人間関係に悩むすべての人たちに。

末井　あの十七文字はまだわかってないんですよね。あれは発表しないんでしょうね。

高橋　死んでから？（笑）どうするんでしょうね。妻の精神を壊した、夫が書いた謎の十七文字。

末井　十七文字を袋綴じにして本に挟めば売れるでしょうね。あ、でも買った人が見せちゃうか（笑）。

高橋　ツイッターでも出回ったりね（笑）。

末井　そうですね。

いやあ、非常に勉強になりました（笑）。

僕は最初は「結婚」について書く気がなくて。頼まれたときには「えっ？」と思って、とにかく読んだら結婚したくなくなる本にしようと思って（笑）。それで最初は離婚の話から書こうと思ったんだけど。

高橋　この話題については、神藏さんも書いているし、両方の立場から読めておもしろいですよね。

末井　向こうが先に書いているんで、非常にやりづらいところもあるんですよ。

高橋　二人の関係についてイメージができてるからね。結婚っていうテーマではいろんな人が書いていて、僕もけっこう読んでるんですけど、末井さんの『結婚』にはこれまでになかったものが一つ加わってるなと思いました。それが何かを説明するのは難しいんですけど、一対一で向かい合うっていうことがあって、それを夫婦で解決できるんだっていうことをテーマとして書いてあるものは、ほかの本にはなかった気がします。他者っていうのは、どちらかというと西洋的な思考だと思うんですよね。日本人だともうちょっとグチャッとしてるというか。ベタッとした関係のもがきとか争いについての考察はあるけど、末井さんは突き放している。生身をロジカルに考えるというのは難しくて、日本人はなかなかできてないんですよ。でも、それが知識としてではなくて、血の通った肉の塊として個人の言葉になってるのを見たことがなくて、これはすごいなって。負けたって思いました。残念（笑）。最初にも言いましたが、僕たち夫婦にとっての他者は子供だっていうことに、末井さんの本を読んで気づいたんです。それが整理できたので助かりました。僕と子供の関係は位置づけられるんだけど、夫婦の関係とはどうなっているのかなと思っていたもので。向かい合う他者がいないと、救済されないのだけど、その存在はうちの場合は子供だなと。そういうふうには思ってなかったので、深く感銘を受けました。

末井　本当にありがとうございました。自分の中にはそういう発想はなかったし。というか、僕は人と向かい合うのが苦手なんですね。

高橋　ねえ。僕も苦手ですよ。難しいよね（笑）。他者は思い通りにならない。けれど、逃げられない。最初は「大変だ！」しかないから向かい合えないんですよ。それが疲れ果てて、ふと気がついたら向かい合っていたっていう感じですね。そしたら逆に圧倒されていた。そこにたどり着くまでには時間がかかりました。子供が産まれても、最初はそんなにかわいくないんですよ。母親は違うんでしょうけど、父親はね。それが、育てているうちに急激にかわいくなっていった。無関心からすごく好きになって、それから大変になる。そして疲れ果てたときにようやく向かい合えるようになった。向こうの世界に引きずり込まれてるわけですよ。一日のスケジュールは、全部子供中心。そういう生活を何年もやってて、でも自分もそうだったんだろうなっていうことに気づかされることがどんどんあって。僕が黒字だっていうことに気がついたのは、子供たちが三、四歳のころ。こうやって自分が貰っているばっかりでいいのかなって。お金払いますよってぐらいの（笑）。そうなったときに、見方が変わってきましたね。でも、本当に完全なる他者なんですよね。なぜかというと何も考えてないし、こっちのことを理解なんかしてくれないし。

末井 千石さんが小さい声で言ってたんですけど、「最後はカマキリのようにメスに食べられればいい」って。ゾッとしたんですけど、それがいいのかなあって。夫婦のしあわせを突き詰めていくと。

高橋 そうなんですよ、きっと。最後にわれわれはともに食べられる（笑）。

高橋源一郎　たかはし・げんいちろう
一九五一年広島県生まれ。作家、明治学院大学国際学部教授。一九八一年『さようなら、ギャングたち』で第四回群像新人長編小説賞優秀作を受賞しデビュー。一九八八年『優雅で感傷的な日本野球』で第一回三島由紀夫賞、二〇〇二年『日本文学盛衰史』で第十三回伊藤整文学賞、二〇一二年『さよならクリストファー・ロビン』で第四八回谷崎潤一郎賞受賞。

あとがき

結婚するということは、しあわせになりたいということです。このことに異論を唱える人は少ないと思いますが、それが僕のように「洗濯物をたたむことにしあわせを感じてます」とか言うと、「え〜〜〜っ。そんなこと、しあわせと関係な〜い」とおっしゃる方が多いのではないかと思います。しかしそれは一例であって、食器を洗っているときも、部屋を掃除しているときも、布団を干しているときも、楽しくて仕方がないときがあります。「な〜んだ、それは家事が好きってことだけじゃないですか」とおっしゃるかもしれませんが、最初の結婚生活では家事なんか大っ嫌いで、やったこともほとんどありませんでした（最初の項に書きましたが、僕は二回結婚しています）。

千石剛賢さんの本『隠されていた聖書』に、「青い鳥をとらえる糸口は、ぬかみそ臭い女の中にあることを想起して下さい」という言葉があるのですが、しあわせというものは遠くにあるのではなく、ごく身近な日常の些細なところに表れるということを言っているのだと思います。そういう日常の些細なところにしあわせを感じられるようになったことは、僕にとって大きな変化だったと思います。人は変わっていけること、結婚はそのチャンスだということを、この本を書いてあらためて認識したように思います。

『自殺』という本に続き、同じ二文字タイトルの『結婚』ですが、自分でもそんな本が出るなんて想像もしていませんでした。『自殺』を書いてから二年近く、仕事らしいことは何もしていなかったのですが、そろそろ何かしないといけないかなと思っていた矢先に、平凡社の吉田真美さんから、結婚について書いてほしいという依頼がありました。いま考えると僕にとってタイミングがよかったというか、自分がなんとなく前向きになっていたときだったので、書けるかどうかわからないままとにかく書いてみようと思ったのでした。そして、自分の心の中をさぐりさぐりしながら、なんとか毎月書き続けることができました。タイミングよく現れてくれた吉田さんに感謝しています。また、的確な原稿チェックを毎月していただいて、ありがとうございました。

その昔、といっても二〇〇一年ごろ、『BURST』という雑誌に「入楽園」という小説もどきのようなものを連載していたことがあります。『BURST』編集長のピスケン（曽根賢）から、「新しい雑誌を出さんかい、さもなくば小説を書け！」と、酔った勢いで説教されて（そのころの僕は、会社で机に座ってハンコを押すことしかしていませんでした）、「よ〜し！」と思って、妻のもとから家出して神藏美子と暮らし始めたころのことを書き始めました。「入楽園」というタイトルは、ベストセラーになっていた渡辺淳一の不倫小説『失楽園』に対抗して付けたのですが、まだ美子ちゃんと喧嘩ばかりしていたころだったので、とても楽園に入る（つまり、アダムとエバがいたエデンに帰る）なんていう状態になれるわけがなく、その連載も途中で破綻してしまいました。

「結婚」の連載を始めるとき、「入楽園」のことを思い出し、『BURST』のバックナンバーを探して読んでみました。文章はヘタだし、書いていることもまとまっていないのですが、かなり生々しいところがあって、当時のことを思い出す手がかりになりました。あのとき「入楽園」を書いておいてよかったと思いました。十六年経ちましたが、原稿を書けと言ってくれたピスケンにあらためて感謝します。

対談に登場していただいた植本一子さんとは、植本さんの著書『かなわない』に帯文を書かせてもらったときから、お付き合いさせてもらっています。対談では『かなわない』に書かれていないことまで話していただき、興味深い内容になったと思います。ありがとうございました。

僕がファンで、ぜひともお話ししたいとお願いした、結婚のベテラン（！）マル五の高橋源一郎さんからは、子育て、虚無、拡大家族など、貴重なお話を伺うことができました。他者としての子供ということは、僕を含めてほとんどの人が考えたことがないことなので、大変参考になりました。本当にありがとうございました。

お二人の対談が入り、この本に（ページ数だけでなく）厚みが出たと思います。

最後になりましたが、心が引き締まるような装丁をしていただいた芥陽子さん、帯文と絵を描いていただいた西原理恵子さん、ありがとうございました。

そして、二十年前、「私と暮らしたら楽しいと思うよ」と言ってくれた妻の神藏美子にあらためて感謝します。

末井昭

二〇一七年四月

本書は「ウェブ平凡」(http://webheibon.jp/) 連載の「結婚」(二〇一五年八月〜一六年十一月) に加筆修正し、対談を加えたものです。

本書に引用している聖書の言葉はすべて『新共同訳 聖書』(日本聖書協会) によるものです。

末井昭　すえい・あきら
一九四八年、岡山県生まれ。工員、キャバレーの看板描き、イラストレーターなどを経て、セルフ出版（現・白夜書房）の設立に参加。『写真時代』『パチンコ必勝ガイド』などの雑誌を創刊する。二〇一二年、白夜書房を退社。主な著書に『素敵なダイナマイトスキャンダル』『絶対毎日スエイ日記』『純粋力』『自殺』『末井昭のダイナマイト人生相談』などがある。

結婚

二〇一七年五月二十七日　初版第一刷発行

著　者　末井昭
発行者　下中美都
発行所　株式会社平凡社
〒一〇一－〇〇五一
東京都千代田区神田神保町三－二九
電話　〇三－三二三〇－六五八一（編集）
〇三－三二三〇－六五七三（営業）
振替　〇〇一八〇－〇－二九六三九
平凡社ホームページ　http://www.heibonsha.co.jp/

装　丁　芥陽子
印刷・製本　図書印刷株式会社

ISBN978-4-582-83759-9
NDC分類番号914.6　四六判（18.8cm）　総ページ240